自然中 的 植物课堂

自然中 的 植物课堂

何祖霞 郗 旺 王凤英 黎洪桃 编著

中国建筑工业出版社

图书在版编目（CIP）数据

自然中的植物课堂/何祖霞等编著.—北京：中国建筑工业出版社，2022.4
ISBN 978-7-112-26869-6

Ⅰ.①自… Ⅱ.①何… Ⅲ.①植物学—中小学—教学参考资料 Ⅳ.①G634.913

中国版本图书馆CIP数据核字（2021）第247210号

责任编辑：杜　洁　孙书妍
书籍设计：锋尚设计
责任校对：芦欣甜

上海市科学技术委员会科普基地建设项目资助出版

自然中的植物课堂
何祖霞　郗　旺　王凤英　黎洪桃　编著

*

中国建筑工业出版社出版、发行（北京海淀三里河路9号）
各地新华书店、建筑书店经销
北京锋尚制版有限公司制版
北京富诚彩色印刷有限公司印刷

*

开本：889毫米×1194毫米　1/20　印张：14⅕　字数：277千字
2022年3月第一版　　2022年3月第一次印刷
定价：168.00元
ISBN 978-7-112-26869-6
（38650）

版权所有　翻印必究
如有印装质量问题，可寄本社图书出版中心退换
（邮政编码100037）

前　言

　　自然不仅是人类赖以生存的根本，更是人类获取智慧和灵感的源泉。随着全球城市化进程的加快，越来越多的人生活在钢筋混凝土围合的空间，享受着高科技带来便利的同时，越来越足不出户，远离自然世界。"自然缺失症"的提出，犹如一声警钟，唤醒了人们内心深处的自然情感意识，于是，人们开始走出户外，关注自然，关注身边的动植物。

　　自然世界繁纷复杂，全球有着数百万种动植物，它们之间的关系千丝万缕，一个人即使穷其一生也不可能了解自然界的方方面面。近年来，"自然教育"犹如一阵春风，吹遍我国大江南北，城市中各类自然教育机构也如雨后春笋般出现，由此催生了国内自然教育行业的兴起。利用自然科学研究的成果，寻找自然万物之间的普遍联系和生物演化的规律，引导人们自主探究自然，成为自然教育工作者的主要任务。2017年，教育部发出了关于加强全国中小学研学实践教育的号召，全国上下各类自然研学实践基地和营地随之纷纷成立，各类自然观察活动也日益增加。

　　然而，我们如何走出户外，怎样关注自然？由于对动植物系统认知的缺乏，很多拥有强烈的自然情怀和教育热情的自然教育工作者共同发声，期望能有专业、成系统的自然科普知识体系供参考，以便带领公众开展更高质量的自然教育。这便是作者编辑和出版本书的初衷。

　　移动互联网时代，碎片化学习成为"新常态"，将系统的知识体系以单个专题课程的形式体现，各个课程之间又密不可分，有助于学习者培养逻辑思维能力,从而形成完整的自然认知体系,这是本书的主要特色。

本书以植物观察为核心,将探究的主题分为"植物生存智慧""植物多样性""植物与生活"三个系列,每个系列各包含10个专题课程,从不同的视角来诠释植物在自然界中的各种现象和内在的进化规律,较为全面地展示植物相关的自然探究课程的内容和实施方法,引导读者了解植物的方方面面。

处处留心皆学问,大自然无处不蕴含着无穷的智慧。自然教育绝不仅仅局限于浅显的动植物形态识别,更重要的是善于探索和发现隐藏在自然中的规律,激发人们的学习动力。本书采用了沉浸式体验和启发式引导的设计,以期给青少年朋友留下深刻的印象,激发他们自主观察和思考的兴趣,从被动灌输变为主动探索,从而让学习者沉浸其中,在快乐中提升自我。

本书编写过程中,一直以"好奇心""挑战性""参与感"三个关键词为关注点,希望为自然教育工作提供更加丰富多彩的活动形式。相对于科学知识的直接宣教,本书以普及科学精神为主,通过科普传播,总结出了课程策划要遵循的10条基本原则以供自然教育工作者参考。

我们希望这是一本可供中小学校外自然教育的指导用书,书中的每一个课程采用文、图、表等多种形式表达出来,相互补充,力求紧密结合学校教材和课程;本书中自然教育课程中列有的课程目标、实施步骤、科学内容以及探究活动任务单等,是经过不断完善的自然课堂资源包,内容完整,可为自然教育工作者、植物科普人员、中小学科学教师及中小学生学习提供参考，并结合自然教育的校外场地特点开展自然探究。

自然教育是一项专业性极强的新兴学科，涉及自然科学、教育学、心理学等众多学科，不仅要求从业者具备完整的自然科学学科背景，而且要求自然教育活动符合教育学的一般认知发展规律。虽然我们有较长时间的自然科普活动经验和自然科学教学经历，但是在本书编纂过程中仍然感到十分惶恐。面对近年来国家不断强调的校外自然教育号召和日益丰富的自然教育产业，想要编纂一本具有较强时代意义的自然教育参考书的梦想让我们时常感到力不从心。

结合全国各地青少年朋友的实际需求，书中不同主题的自然科学知识集尽可能结合日常生活，力求通过简洁的语言文字，展示出读者最可能感兴趣的30个话题。相信不久的将来，会有越来越多的特色自然课程被设计出来，本书愿成为中国公众自然教育先行先试的一块踏脚石。

本书内容是教育部2018—2020年中央专项彩票公益金支持未成年人校外教育项目（J19D000005）、2019年上海市绿化和市容管理局科技项目（G1922409）以及2021年广东省自然教育基地建设项目（SFCX21FSC078）研究的主要成果，上海市科学技术委员会科普基地建设项目提供出版资助。

谨以此书献给所有热爱自然、守护自然的人们！

目 录

前言
绪论 1

第一篇　"植物生存智慧"系列

01	热带雨林中的植物奇观 7
02	植物猎手的捕虫秘诀 15
03	植物的生存防御 22
04	植物的沙漠求生 30
05	植物的攀爬特技 38
06	解锁花的密码 46
07	花儿的彩色广告 54
08	兰花的魅惑 60
09	无花果的秘密 68
10	植物的旅行 74

第二篇 "植物多样性"系列

- 11 玩转百变树叶 83
- 12 自然的色彩 93
- 13 神奇的树皮 103
- 14 果实俱乐部 112
- 15 探知路边野花 119
- 16 生态位之战 125
- 17 植物的滋味 131
- 18 幽谷兰精灵 140
- 19 奇妙的植物微观 147
- 20 濒危植物解读 153

第三篇 "植物与生活"系列

21	好吃的植物	169
22	淀粉的 N 种玩法	176
23	餐桌上的"水八仙"	184
24	热带水果之旅	194
25	餐桌上的香料	207
26	植物纤维溯源	217
27	植物洗涤文化	225
28	神奇的草木染	234
29	迷人香氛之旅	245
30	植物的启迪	257

延展阅读 ... 268
作者简介 ... 270
后记 ... 272

绪 论

自然界拥有丰富的植物多样性，且与人们的生活息息相关。但植物不会说话，"你见或者不见我，我就在那里，不悲不喜"，缺少与人们直接的情感交流。因此，与动物相比，人们对植物的关注度远远不够。

1998年，美国植物学家詹姆斯·万德西（James Wandersee）和伊丽莎白·舒斯勒（Elisabeth Schussler）第一次提出了"植物盲"的概念。威廉·艾伦（William Allen 2003）对"植物盲"进行了全面诠释："无法看到或注意到自己环境中的植物，无法欣赏植物的美和独特的生物学特征，导致无法认识到植物在生物圈和人类事务中的重要性，错误地得出以人类为中心，植物排在动物之后，甚至植物不值得人类考虑的错误结论。"路边、公园甚至植物园丰富多样的植物常常被"植物盲"们视而不见。

2005年，美国作家理查德·洛夫（Richard Louv）在《林间最后的小孩》(Last Child in the Woods)一书中提出"自然缺失症"现象，指出越来越多的现代城市儿童与大自然完全割裂开来，引起了全民的关注和普遍担忧。面对自然界丰富多样的植物展示，如果不在植物与公众之间搭建沟通的平台，公众对植物的认识就只能局限于诸如"哇，好漂亮的红花！"之类浅显的感受。

如何搭建植物与公众之间的沟通平台呢？通俗易懂的系统的学习资料是关键，高质量的学习资源需要用清晰的思路构建系统化的知识体系。植物科普课程的开发，不仅要遵循人们的认知发展规律，还要对相关知识进行归纳、综合和整理，每个课程聚焦一个专题问题，各个专题之间还需要有一定的链接，引导公众透过现象发现事物发展的规律，形成相对完整的植物认知观。

本书以植物为核心，将探究的主题分为"植物生存智慧""植物多样性""植物与生活"三个系列，每个系列各包含10个专题课程，从不同视角来诠释植物在自然界中的生存现象和内在的进化规律，较为全面地展示植物相关的自然探究课程的内容和实施方法，引导学习者了解植物的方方面面。

结合课程设计的基本理论方法、教学模型以及多年来的实际工作经验，书中内容的设计和编排以"解决困惑"为目的，坚持"学习者为主体，老师为主导"的原则，实现"内容变问题""讲授变研讨""答案变共识"三个转变，注重学习者原有经验的激活、技能与任务挑战的一致性，以达到最好的学习效果。

本书在课程策划过程中遵循着如下10条基本原则：

① **关注学习者身心特点**：与课堂教育相比，自然中的课堂因为学习环境的干扰、学习者的年龄、知识背景、学习目标、考核方式等不同，对教育者提出了更高的要求。在自然中开设课堂一定要更加有吸引力，关注学习者的真正需求和身心特点，激发学习者自主探究的兴趣，才能达到更好的学习效果。

② **聚焦中心问题展开**：每个自然课堂都要聚焦主题，围绕主题开展讨论、练习和认证，形成新的认知。本书内容策划过程中，摒弃了传统的知识讲解模式，而是紧紧围绕某个专题，逐渐深入引导学习。

③ **紧跟科学时事前沿**：科普内容来源于不断更新的科学研究，课程策划的知识体系一定要结合时事科学前沿。

④ **结合学习者日常生活**：人们往往更关注与自身生活相关的内容。所以，课程内容的策划一定要紧密结合人们的日常生活，才能引发学习者的兴趣，如本书策划的"植物洗涤""餐桌香料""植物仿生"等课程内容。

⑤ **传播内容科学通俗**：只有懂科学的人才能实施科普，而且传播的必须是科学的内容，不可谣传或捏造。由于很多科研成果描述高深难懂，需要经过科普工作者转化为通俗语言，才能为学习者所理解。

⑥ **策划小组任务挑战**：研究表明，采用探索任务单形式完成自主探索的过程能提高学习者的主动参与性和学习积极性。本书的每一个课程都设有自主探索任务单或实验探究内容。突出少年儿童的主体地位，充分考虑其年龄特点与认知规律，倡导探究式学习，激发其好奇心和求知欲。

⑦ **穿插趣味游戏体验**：教育在于培养概念理解力、认知技能和策略，而不是获得事实性的现成信息。课程策划一定要融合人们的视觉、听觉、嗅觉、触觉以及味觉的综合体验和认知，充分发挥学习者的五感体验，采用趣味游戏，如书中的"黑箱矩阵""寻人启事""你比划我来猜""淀粉密信"

等游戏。

⑧ **注重讨论分享总结**：课程策划以小组为单位进行讨论和组内分享，并挑选出代表向所有人分享学习成果，可以有效锻炼学习者的团队合作能力、语言表达能力和分析总结能力。最后由老师进行适当的归纳总结，提升学习者对课程内容的整体认知。

⑨ **反馈评价提升**：课程实施的成效可通过老师在课程实施期间的观察、对话、任务完成情况以及活动评价表等多种形式反馈，可有效改进课程内容，不断完善课程设计。

⑩ **时长分配事宜**：根据人的学习注意力时间曲线，每次自然课的时长不超过2小时。本书首次提出了"3个1/3"的概念，即把课程的具体实施时间分成3份，前面1/3为破冰游戏和提问导入时间，中间1/3为科学解说和互动问答时间，最后1/3为任务挑战和交流分享时间，其间预留的少量时间用于具体实施时的"小插曲"，比如课间休息、更换场地、临时被外界打断等。

实践是检验真理的唯一标准。本书策划的自然课程内容是否具有可执行性，尚需在长期的实践过程中不断检验和完善。

第一篇

"植物生存智慧"系列

植物，并不是静止而孤立的存在。

地球从出现原始生命到今天拥有繁纷复杂的多样性，经历了38亿年的时间，先后产生了上亿个物种，但绝大多数物种因无法适应环境的变化而灭亡，只有少数物种在适应环境变化的过程中不断进化，才能留存于世，这就是"物竞天择，适者生存"的自然生存法则。

环境的变化时时刻刻都在发生着，植物的适应性改变也在时时刻刻发生着，永不停息。展现在我们面前的每一个物种、每一个特征都不是永久的、静止的，而是它们的祖先不断努力改进和积累的结果，而且还在继续向前发展。

植物不会说话，或许我们短时间内难以了解植物们艰辛的奋斗历程，但只要我们细心观察，就能从身边的植物中发现这些为了生存而积极努力的力量。

从一个细胞到复杂的生命体，植物之间存在着或近或远的亲缘关系。有趣的是，为了适应同一种环境的选择压力，亲缘关系较远的物种往往会进化出相近的形态或生理特征，这就是生物学上的趋同进化，更是一种生存智慧。

本篇"植物生存智慧"系列课程就围绕这一话题展开，从"生境适应"和"器官进化"两方面着手，通过"雨林奇观""植物猎手""植物防御""沙漠求生""攀爬特技""花的密码""彩苞之谜""兰花魅惑""隐花之果""植物旅行"共10个相关的植物专题课程，重点解读了植物在自然环境中不断适应性进化的生存智慧，引导中小学生及自然爱好者用生物进化的思维来看待周围万物，并从纷繁复杂的自然界中寻找共同的进化规律。

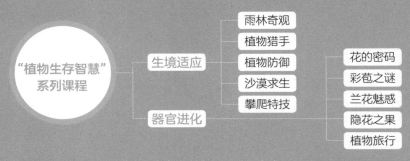

"植物生存智慧"系列课程框架

热带雨林中的植物奇观

热带雨林分布于地球赤道的两侧，茂密的森林终年常绿，宛如环绕地球的一条翡翠腰带，在中国，热带雨林分布于海南和云南的西双版纳。热带雨林拥有着全世界最为丰富的物种和独特的植物奇观，你了解过吗？

课程目标

1. 培养勇敢的小探究员，探秘幽暗丛林的生存法则；
2. 培养细心观察的能力，归纳总结热带雨林的独特现象；
3. 培养观察大自然的兴趣，在优美环境中陶冶情操。

课程对象　小学高年级学生/初中生

课程内容

课前讨论

课前分组，就如下问题开展讨论，并分享讨论结果。

① 什么是热带雨林？主要分布在哪里？
② 热带雨林的气候特点如何？
③ 在热带雨林中生长的植物要面临哪些挑战？
④ 生活在热带雨林中的植物们可能有什么共同点呢？

引导解说

1. 热带雨林的分布和环境条件

- 1898年,德国植物学家辛伯尔(Schimper)首次比较完整地概括了热带雨林的特征:"常绿喜湿,高逾30米的乔木,富有厚茎的藤本、木质及草本的附生植物。"迄今为止,这个定义依然被大多数自然科学家所接受。

- 热带雨林全年高温多雨,大气相对湿度很高,没有明显的旱季,年平均温度约为26℃。

- 热带雨林降雨强烈,可溶性物质不断被雨水冲洗入土壤的深层并随水流失,这种强烈的淋溶作用导致地表土壤非常贫瘠。此外,热带雨林土壤几乎都呈酸性,加之气温高,植物掉落物的微生物分解过程迅速,腐殖质含量往往很低。而雨林的营养贮藏与林冠层的附生植物相关,成千上万的附生兰花、蕨类和苔藓植物组成雨林最大的营养库。

- 热带雨林的林冠层形成一个屏障,为雨林内部形成较为稳定的小气候提供了条件。

2. 热带雨林的植物奇观

热带雨林独特的环境条件孕育了极其丰富的植物物种,也形成了许多独特的现象,这里主要总结为以下10点。

(1)独木成林

热带雨林中,多种榕属木本植物如榕树(*Ficus microcarpa*)等会从茎枝干上伸出气生根,吸收空气中的水分、营养,这些根触及土壤逐渐增大变粗,变成支柱根,可以支撑树木庞大的躯干和茂密的枝叶,并逐渐向外扩展地盘,逐渐形成一片茂密的森林。

榕树的气生根

（2）板根现象

热带雨林常年高温多雨，地下水位高，植物多为浅根系。为了防止倒伏，如四数木（*Tetrameles nudiflora*）、绒毛番龙眼（*Pometia pinnata*）等龙脑香科、豆科、梧桐科的一些林冠层高大乔木的基部根系常常形成翼状，以支撑庞大的地上部分，抵抗暴风骤雨。

（3）树包石

黄葛树（*Ficus virens*）等热带雨林植物的气生根在向下生长过程中，如果碰到了大块石头的阻碍，根能够围绕石头继续伸长，直到找到借以生存的土壤，形成树包石的现象。

绒毛番龙眼的板根现象

黄葛树树包石现象

（4）绞杀现象

热带雨林中，一些植物（尤其是某些榕属植物）的种子被鸟类带到树干上，发芽后成长为藤本状缠绕附主植物。随着成长还会继续长出气生根，同样紧紧包围树干并向下扩展，直到伸入地面下变为正常根系。这些包裹附主的根系紧紧勒在附主树干上，争夺养料和水分，并阻碍附主植物树皮内的物质运输，使得附主植物因营养和水分不足而逐渐死去，称为"绞杀现象"。

植物绞杀现象

（5）老茎生花/果

热带雨林中，林冠层枝叶密集，花不能被主要在林冠下一定高度范围活动的昆虫及其他传粉者发现。因此中下层的很多植物的花绽放在主干或粗大的枝干上，形成"老茎生花/结果"现象。老茎上生花无疑最能显露自己，使得昆虫及其他动物传粉者最易触及。如火烧花（*Mayodendron igneum*）、炮弹果（*Crescentia cujete*）、可可（*Theobroma cacao*）等。

炮弹果（左）和火烧花（右）的老茎生花现象

可可的老茎结果现象

（6）藤蔓缠绕

粗大的木质藤本是旅行者对热带雨林印象最深的现象，热带雨林分布着全世界90%的藤本植物，如扁担藤（*Tetrastigma planicaule*）等。它们生长迅速，藤蔓缠绕在其他乔木上，以便攀爬到上层光照充足的环境中。

热带雨林中的扁担藤

（7）滴水叶尖

菩提树（*Ficus religiosa*）、尖尾芋（*Alocasia cucullata*）等许多热带雨林植物的叶尖形成长尾状，如同烧杯的嘴一般，使叶片表面的水膜积聚成水滴并起到导流的作用，使叶面快速变干，同时带走叶面表面附着物，减少叶表病虫害，保障叶片呼吸、蒸腾和光合作用能够正常进行。

菩提树的滴水叶尖

（8）叶面穿洞或深裂

热带雨林内植物种类和数量异常丰富，林内郁闭度高，一些林下植物为了更多地利用阳光资源，往往增大叶片。然而巨大的叶片在强烈的风雨中易被损坏，因此，龟背竹（*Monstera deliciosa*）、春羽（*Philodendron selloum*）等植物的叶片进化出深裂或穿孔，以减少雨水及风的冲击力。

春羽（左）和龟背竹（右）的叶片

（9）林下花叶

热带雨林的郁闭度很高，高大的树木吸收利用了阳光中大部分红橙光和蓝紫光，散射下来的光强度低且光质差。因此林下植物〔如合果芋（*Syngonium podophyllum*）、孔雀竹芋（*Calathea makoyana*）等〕的叶片常常因色素累积而呈现各种不同的花叶外观，以便更有效地利用光能。此外，有些花叶的效果还能扰乱食草动物的视线，抑或模仿病虫害病斑以减少动物的啃食，在雨林残酷的生物竞争中成为弱者生存的一种自保策略。

林下花叶现象（左：合果芋；右：孔雀竹芋）

（10）空中花园

热带雨林中，很多附生苔藓、蕨类和被子植物等生长在其他乔木的树干上，以雨露、空气中的水蒸气和枝丫间有限的腐殖质为生，这些植物形态各异，花开时节五彩缤纷，形成独特的空中花园景观。常见的附生植物有巢蕨（*Asplenium nidus*）、鹿角蕨（*Platycerium* sp.）、空气凤梨（*Tillandsia* sp.）以及附生兰花如束花石斛（*Dendrobium chrysanthum*）等。

空中花园现象（左：束花石斛；右：巢蕨）

探索实践

前往温室或热带地区山林,根据下列表格中的内容提示,分组开展探索活动,看谁有更多的发现。

热带雨林特有现象记录表

年级　　　　　　　　小组名称　　　　　　　　小组成员

序号	雨林奇观	植物名称	植物典型特征
1	独木成林		
2	板根现象		
3	树包石		
4	绞杀现象		
5	老茎生花/果		
6	藤蔓缠绕		
7	滴水叶尖		
8	叶面穿洞/深裂		
9	林下花叶		
10	空中花园		
更多发现			

特别提示:强调无痕山林原则,不要随意采摘和破坏自然物以及人工设施。

植物猎手的捕虫秘诀

植物的生长不仅需要阳光、空气和水分,还需要充足的养分才能生存和繁衍,当生存环境养分匮乏时,部分植物也会像动物一样主动出击。于是,设好陷阱,开始打猎咯!

课程目标

1. 了解食虫植物的基本类型及其捕虫"绝技";
2. 探索食虫植物食虫的进化机制;
3. 思考植物和环境的关系。

课程对象　小学生/初中生

课程内容

课前讨论

讲解前,引导学习者一起讨论如下问题。

1. 世界上真有"食人花"吗

你玩过"植物大战僵尸"游戏吗?听说过游戏中有一种植物能够一口吞掉僵尸吗?"食人花"是否真的存在于自然界中呢?下列图片中,你觉得哪一种更像所谓的"食人花"呢?说说理由。

大王花　　　　　　　　瓶子草　　　猪笼草

白旗兜兰　　　魔芋　　　捕蝇草

2. 你知道哪些食虫植物？把它们记下来。

3. 想一想，食虫植物为什么要食虫呢？

引导解说

食虫植物概览

在自然界，除了阳光、水和空气之外，植物还需要吸收各种养分以供自身生存。但有的生存环境条件有限，并不能给植物生长以足够的营养成分，所以，有一部分植物就必须像动物一样捕猎，从而获得必要的养分，一批植物"猎手"就这样出现了。食虫植物是一类会捕获并消化动物（大部分为昆虫和其他节肢动物）而获得营养（非能量）的自养型植物，多生长于土壤贫瘠，特别是缺少氮素的环境中，如酸性沼泽、雨林附生等。

食虫植物分布于世界各地，分属12个科，约21个属，迄今已发现750余种。此外还有超过300多个属的植物具有捕虫功能，但其不具备消化猎物的能力，只能被称为"捕虫植物"。

1. 充满诱惑的地狱笼——猪笼草

猪笼草（Nepenthes sp.）是一类长相奇特的藤本植物，多数生长在东南亚热带地区。猪笼草的捕猎利器是由叶片变态而成的"香滑"的捕虫笼，每个叶片的中脉向前延伸成卷须，反卷，末端膨大呈囊状体，呈圆筒形，笼口上有盖子，因其形状像猪笼而得名。

很多人想当然地认为，一旦成功捕食到猎物，捕虫笼的笼盖就会闭合，其实并不是。盖子在生长的初期是闭合的，当捕虫笼长大到一定程度后盖子张开，成为成熟的捕虫笼后盖子就不再闭合。笼盖的下方常能分泌芳香的蜜汁来引诱昆虫。笼的唇口十分光滑，昆虫踩上后极易滑落到笼中，笼底分泌的消化液会将昆虫淹死并分解虫体获得营养物质，逐渐消化吸收。观察"年长"的笼子可以看到其中有不少昆虫残体。

有关猪笼草的记录，最早可追溯到1658年，法国殖民总督费古拉在《马达加斯加岛的历史》一书中第一次描述了猪笼草的外形。据研究报道，一些大型的猪笼草还能捕杀老鼠、青蛙、蜥蜴等。一些中高海拔地区的猪笼草甚至还成为小型哺乳动物的"马桶"，收取动物的粪便来获取氮素。

仔细观察不同种类的猪笼草，其捕虫笼的形态差异较大，而同一植株不同部位的捕虫笼，形态也会有不同。

不同猪笼草的捕虫笼

2. 甜蜜陷阱——瓶子草

瓶子草（Sarraceniaceae）原产于美洲地区，包含3属约17种，多为耐寒性多年生草本植物。顾名思义，瓶子草的叶片呈现瓶状，但不同瓶子草的捕虫策略有所差异。一些瓶子草会和猪笼草一样分泌香甜的蜜汁，引诱昆虫跌入瓶中，通过消化液将其消化。还有一些瓶子草如眼镜蛇瓶子草，则是采用"虾笼"策略，先依靠气味吸引昆虫爬入狭窄且向下的瓶口，瓶口上部则有透明组织形成的"天窗"，吸引昆虫向上飞去，最终找不到出口而落入瓶中。

眼镜蛇瓶子草

3. 大嘴植物——捕蝇草

捕蝇草（*Dionaea muscipula*）属于茅膏菜科捕蝇草属，该属仅此一种，但市场培育的品种较多。与其他食虫植物相比，捕蝇草以迅速的运动著称，其致命的利器就是肉质贝壳状的捕虫夹。

捕蝇草的捕虫夹是变态的叶片，从叶片顶端生出，如蚌壳一样张开。捕虫夹边缘长着齿状刺毛，就像维纳斯的睫毛一般，因此被称为"维纳斯的捕蝇陷阱"（Venus Flytrap）。捕虫夹内侧生有3~5根刚毛（感触毛），反应十分灵敏。通常情况下，落入的猎物只要连续触碰捕虫夹的两根感触毛，捕虫夹会立即闭合将其困住，而且猎物越挣扎，夹子夹得越紧，并分泌消化液将其消化。据观察，一个健康的夹子，捕猎关闭后需要7~10天的时间才能消化完，并再次打开捕虫夹。每个捕虫夹能使用2~3次。

捕蝇草

4. 晶莹幻境——茅膏菜

茅膏菜

茅膏菜（*Drosera* sp.）叶片上密布着红色的腺毛，腺毛顶端分泌晶莹剔透的"露珠"，充满诱惑，吸引着昆虫的到来。昆虫被引诱前来，一旦碰触到"露珠"，即被黏液粘住，无法挣脱。黏液还能堵塞昆虫身侧的气孔，导致其无法呼吸。同时，叶片上的所有腺毛都慢慢向昆虫伸去，叶片也逐渐卷曲，裹住昆虫，最终将昆虫消化。黏液多少与空气湿度有关，清晨时黏液分泌最多，是捕虫的最佳时机。

5. 水中猎人——狸藻

狸藻（*Utricularia* sp.）一般成片生长在湿地、池塘甚至热带雨林长满苔藓的树干上，它的捕虫利器是捕虫囊。狸藻的捕虫囊生于叶基部，平时囊体呈瘪状，当小型生物碰触捕虫囊时，捕虫囊的开口突然打开，囊体膨胀形成负压，使得小型生物随水流一起被吸入，随后捕虫囊口闭合，将其中的生物进行消化和吸收。捕虫囊小而透明，位于泥沼中，较难观察到。

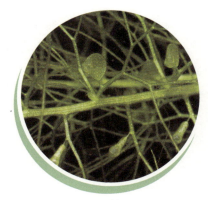

狸藻

6. 才貌双全——捕虫堇

捕虫堇（*Pinguicula* sp.）的捕猎利器为叶片表面的腺毛。捕虫堇形体优雅，开出的花朵就像紫色的堇菜花一样，呈现柔美的气质，通透洁净得宛如多肉植物石莲。然而这叶片却暗藏杀机：在叶片、花茎和花瓣表面有短短的腺毛，这些腺毛的顶端能分泌黏液，并且能散发出诱惑猎物的气味。当猎物被黏液粘住时，挣扎的动作会刺激叶片表面另一种腺体分泌出消化酶，将猎物分解成营养液并吸收。

捕虫堇

此外，除了重点观察捕虫利器，食虫植物的花和果实也十分奇特，大家注意到了吗？

探索实践

食虫植物观察

活动目的 通过比较观察，了解食虫植物的捕虫智慧和生物学进化的意义。

活动材料 画板、画纸、彩笔、铅笔、橡皮、手持放大镜、食虫植物等。

1. **食虫植物观察**：观察猪笼草、茅膏菜、瓶子草、捕虫堇、捕蝇草等食虫植物的形态特征，并试着将食虫植物的捕虫技巧加以分类。

   第一类：_____
   第二类：_____
   第三类：_____

   分小组，一起分享学习心得。

2. **最喜欢的自然笔记**：在一定范围内选择自己感兴趣的植物做一幅自然笔记并记录心得体会。

   我的自然笔记

03 植物的生存防御

植物和植食性动物是一对相爱相杀的好伙伴。在数万年的进化中，植物需要植食性动物帮忙传粉，但为了防止植食性动物的无限制取食，植物进化出一系列防虫抗食的防御策略。

课程目标

1. 通过观察分析，了解植物为了生存进化出的防御特征；
2. 了解动植物之间的防御差异，理解生物之间的复杂联系；
3. 通过观察植物防御方式，思考自己面对伤害时该如何防御。

课程对象 小学高年级学生/初中生

课程内容

课前讨论

1. 你是否养过/观察过宠物？当宠物受到惊吓时，它会做出什么反应？大叫、逃跑、躲藏、反击、撕咬？
2. 植物的生命中会面临什么威胁？当面对威胁的时候，植物不能像动物那样撒腿逃跑，也没有嘴用来撕咬，它能做些什么呢？

引导解说

植物的生存防御策略可分为三大类：直接防御、间接防御和综合防御。

1. 直接防御

直接防御是指直接抵抗、抑制、躲避侵害者的侵害过程，不需要第三者参与。又可分为物理防御（茎叶硬化、刺、绒毛、警戒色、闭合、拟态等）和化学防御（汁液、气味、味道、毒素等）。

（1）茎叶硬化

有些植物的茎叶革质化，使细胞组织变得坚硬以抵御虫害，比如，榕树、桂花（*Osmanthus fragrans*）、枇杷（*Eriobotrya japonica*）、荷花玉兰（*Magnolia grandiflora*）等叶片表皮外形成和累积角质层或蜡质以增加韧性和抗性；桃（*Prunus persica*）、李（*P. salicin*）、杏（*P. armeniaca*）等果实形成坚硬内核，保护种子。

枇杷

荷花玉兰

（2）刺

刺无疑是一种防御其他动物近身的极好武器，若植物都长成像仙人掌类或者皂荚一样的刺，一般动物只能望而却步了。刺有叶刺，如仙人掌（*Opuntia dillenii*）；枝刺，如皂荚（*Gleditsia sinensis*）；皮刺，如月季（*Rosa chinensis*）；茎刺，如玫瑰（*Rosa rugosa*）；托叶刺等类别。缫丝花（别名刺梨，*Rosa roxburghii*）、峨眉锥栗（*Castanea henryi* var. *omeiensis*）等植物的果实，为了防止动物取食，也会在果实外面长出许多锐刺。

仙人掌的叶刺　　　　皂荚的枝刺　　　　月季相对扁而粗壮的皮刺

玫瑰细而密的茎刺　　缫丝花（刺梨）的果实　　峨眉锥栗的壳斗

（3）茸毛

有些植物的茎、叶或果实上长了茸毛，让一些昆虫行动不便、难以下嘴，如虎耳草（*Saxifraga stolonifera*）、南瓜（*Cucurbita moschata*）、刺儿菜（*Cirsium arvense* var. *ntegrifolium*）、中华猕猴桃（*Actinidia chinensis*）等。

虎耳草

刺儿菜　　　　中华猕猴桃　　　　桃

（4）警戒色

一些蚜虫偏爱绿色的叶片，会选择性避开颜色明亮的叶片，因此明亮艳丽的叶片能显著降低昆虫的产卵率和啃食率。红叶石楠（*Photinia × fraseri*）的红色幼叶还可以使幼叶免受紫外线灼伤。

红叶石楠

（5）拟态

有的植物［如西番莲（*Passiflora* sp.）等］叶片生长过程中出现不规则或有洞的叶片，好似被其他虫子啃食过，昆虫为了让后代有足够的食物，通常不喜欢在不完整的树叶上产卵；有的植物叶片形成斑纹，使其看似病态；有的植物形态模拟周边环境，以迷惑食草动物的视觉，如生石花（*Lithops* sp.）。

生石花

（6）汁液或毒素

有的植物受到啃食时，会分泌有毒的乳汁，以阻止动物的啃食，如海芋（*Alocasia odora*）、波罗蜜（*Artocarpus heterophyllus*）等。夹竹桃（*Nerium oleander*）全株都含有毒素，如不小心误食，会出现明显的中毒反应，甚至危害生命；焚烧夹竹桃叶也会产生大量有毒气体。漆树（*Toxicodendron vernicifluum*）含有漆酚，易使人皮肤过敏。

海芋

波罗蜜

夹竹桃

漆树

（7）特殊气味和味道

柑橘属（*Citrus*）叶片和果实产生的黏稠油脂有浓浓的味道，还有鱼腥草（*Houttuynia cordata*）、酢浆草（*Oxalis corniculata*）、薄荷属（*Mentha*）、辣椒属（*Capsicum*）等植物特殊的味道让许多试图吃掉它们的动物避之不及。

叶有腥味的鱼腥草

花和叶都很酸的酢浆草

辣椒

2. 间接防御

当植物单靠自身力量不足以抵挡外侵时，便"想方设法"借助外力来实施反抗，这就是间接防御。

（1）释放物质吸引害虫天敌

玉米（*Zea mays*）受甜菜夜蛾（*Spodoptera exigua*）幼虫危害后，会释放出萜类物质，吸引一种寄生蜂前来在甜菜夜蛾幼虫体内产卵，导致甜菜夜蛾幼虫死亡。

茉莉酸广泛存在于植物体内，是植物防御反应的一种重要信号分子，它能诱导直接和间接的防御反应。近年来，人们发现受伤植物叶片产生的挥发物（如茉莉酸）不仅会让植物自身其他部位做出防御反应，还会警示邻近植物启动多种防御反应。

（2）形成共生关系

蚁栖植物是一类与蚂蚁形成共生关系的植物，如号角树（*Cecropia peltata*）树干分节，节间中空，阿兹特克蚁（*Azteca* sp.）可以通过孔道到达节间中空位置居住。号角树叶基部会分泌富含蛋白质和脂肪的小颗粒供益蚁食用，与此同时，益蚁会为号角树驱赶、攻击其他试图啃食号角树叶片的昆虫，如啮叶蚁（*Atta* sp.）等。

此外，植物为动物提供食物，同时利用动物为其传粉，也可称为一种互利共生，马利筋（*Stapelia prognatha*）和帝王蝶（*Danaus plexippus*）就是这样的典型代表。马利筋原产南美，全株含有乳白色的汁液（故别名乳草），主要成分为马利筋强心苷，动物食用后常会呕吐甚至死亡。但帝王蝶可以耐受这种毒素，不仅享受

号角树

马利筋

带毒的美味,还将卵产在马利筋叶片背面,繁衍后代。帝王蝶食用马利筋花粉的同时顺便为其传粉,体内积累的毒素又成为帝王蝶防御自身被捕食的武器。

3. 综合防御

植物在长期的演化过程中,会同时使用多种防御机制。下面举两个例子。

(1) 西番莲

为了躲过纯蛱蝶(Nymphalidae sp.)的啃食之灾,有的西番莲(Passiflora sp.)叶片上长出刺毛,有的产生落叶机制,有的叶片上产生斑块模拟病态,有的还会产生毒素,甚至分泌花外蜜露,吸引蚂蚁或蝇类前来捕食纯蛱蝶,可谓招数用尽,只求自保。

红花西番莲的叶和花

(2) 金合欢

在非洲的草原上,长颈鹿常常取食金合欢(Acacia sp.)叶片,金合欢在长期的进化中,逐渐产生了360°无死角的长刺以有效抵御长颈鹿的取食,还会释放出一种苦味毒素,长颈鹿取食叶片后会引起胃部不适甚至呕吐,不再取食。

金合欢与长颈鹿

探索实践

1. 结合所学知识,请你仔细观察身边的植物,记录它们用了几种防御方式。

植物防御观察记录表

序号	植物名称	植物科属	植物特征	防御方式
1				
2				
3				
4				
5				
6				
7				
8				

2. **定点活动设计**:准备构树、含羞草、番茄、紫娇花、花叶竹芋、月季、薄荷等盆栽若干,让学生观察植物,思考并分析植物的防御方式。也可制作小卡牌,根据卡牌提示观察植物,将卡牌放在相应的盆栽前面写明它所使用的防御方式。

3. **思考**:当面对霸凌时,你用什么方式才能保护自己?

植物的沙漠求生

有一类植物,身陷干旱贫瘠的沙漠却不畏艰险,在长期的生存进化过程中,产生了一系列适应性机制,顽强地在沙漠里生根发芽,开花结果。

课程目标

1. 理解沙漠中影响植物生长的主要环境因素;
2. 学会观察自然,了解沙漠植物适应沙漠环境的典型特征;
3. 进一步理解植物顽强的生命力及对环境的适应性进化规律。

课程对象　小学高年级学生/初中生

课程内容

课前讨论

课程开始前,选取一处较为典型的沙漠植物景观,仔细观察,并以小组为单位进行讨论和分享。

沙漠植物景观

① 回顾课本知识：植物生长需要哪些自然环境条件？
② 沙漠环境中，哪些因素会成为限制植物生长的环境因子？
③ 如果环境中缺少水分，植物会如何适应？

引导解说

解说植物铭牌上的主要指示意义（引种编号、科名、拉丁科名、中文名、拉丁学名）。

植物铭牌示例

在完成自主探索和分享的基础上，对以下内容展开引导性解说。

1. 什么是沙漠植物？

有一类植物，长期生活在风沙大、雨水少、冷热多变等干旱贫瘠的恶劣环境下，进化出了适应这些不良条件的各项特征，生命力极其顽强。我们把这类植物称为沙漠植物。

2. 有哪些沙漠植物？

沙漠植物种类繁多，比如多枝柽柳（*Tamarix ramosissima*）、虎刺梅（*Euphorbia milii* var. *splendens*）、仙人掌（*Opuntia dillenii*）、库拉索芦荟（*Aloe vera*）、骆驼刺（*Alhagi sparsifolia*）、酒瓶兰（*Beaucarnea recurvata*）、梭梭（*Haloxylon ammodendron*）、沙拐枣（*Calligonum mongolicum*）、胡杨（*Populus euphratica*）等，以大戟科、仙人掌科、龙舌兰科、景天科、麻黄科、藜科、柽柳科植物等为主。

多枝柽柳　　　　　虎刺梅

仙人掌　　　　　库拉索芦荟　　　　巨人柱

3. 沙漠植物有哪些适生性特征？

在干旱缺水的恶劣环境中，植物们在长期的适应性进化和自然选择中存活下来，具备了一系列适应沙漠环境的典型特征。

（1）根发达

百岁兰（*Welwitschia mirabilis*），别名千岁兰，属于裸子植物，生长在西南非洲的狭长近海沙漠地区，根极长，可达3~10米，以吸收地下水，而且叶片上的气孔会吸收大气中的水汽。

百岁兰

（2）茎干膨大储水

茎干膨大储水，是很多耐旱植物的共有特点。比如猴面包树（*Adansonia digitata*）能贮存大量的水，可被称为荒原上的"贮水塔"。每当旱季来临，为了减少水分蒸发，猴面包树会迅速脱光身上所有叶片，而在雨季时，它能利用自己粗大的身躯和松软的木质，大量吸收并贮存水分，同时又会长出叶子，开出很大的白色花。酒瓶兰（*Beaucarnea recurvata*）靠近基部的茎膨大变粗，呈现酒瓶状，故而得名。

猴面包树

酒瓶兰

(3) 叶演化成刺

为减少叶片蒸腾失水，金琥（*Echinocactus grusonii*）、鼠尾掌（*Peniocereus serpentinus*）等仙人掌科植物的叶片在进化过程中演化成刺，既可以防止被动物啃食，又可以减少蒸腾面积。吹雪柱（*Cleistocactus strausii*）等叶片演化成的柔毛还可凝结和吸收空气中的水分。

光棍树

量天尺（火龙果）

竹节仙人掌

金琥

吹雪柱

（4）茎枝肉质化，呈绿色

量天尺（别名火龙果，*Hylocereus undatus*）、绿玉树（别名光棍树，*Euphorbia tirucalli*）、垂枝绿珊瑚（别名丝苇、竹节仙人掌，*Rhipsalis baccifera*）、金琥（*Echinocactus grusonii*）等植物的叶片退化后，茎枝成为主要制造养分和贮藏养分的器官，其内部主要由薄壁的贮藏细胞组成，细胞中的黏液性物质能储存大量水分，而坚韧的表皮则能保护植株避免水分流失。另外，茎枝的表皮细胞中因含有大量的叶绿体而呈现绿色，还承担起了进行光合作用的职责。

> **小贴示**
>
> 光棍树又名绿玉树,常绿小乔木,原产非洲东部。光棍树轮生分枝表皮光滑,酷似铅笔,叶只有生长期初出现,很快脱落,于是全株光秃秃只剩下细棍状茎,故得名光棍树。其体内有白色浆汁,含毒素,但也含有一定量的橡胶和树脂,为人造石油的可能原料之一。

光棍树

(5) 短命植物

短命植物指能利用春季雪融水或夏季雨季等一年中短暂的湿季快速生长并完成开花结果的植物,这类植物生长在干旱区,从严格意义上说,属于旱生植物。比如瓦松(*Orostachys fimbriata*)生长在瓦房顶上,在干旱的季节里,瓦松的种子静静地躺在瓦沟里,一旦雨季来了,种子便吸足水分,迅速地生根发芽,长成植株,很快就开花结果,完成自己繁殖后代的使命。

瓦松

（6）景天酸代谢植物（面向初中生可介绍）

热带沙漠地带白天炎热，夜晚寒冷，昼夜温差大，景天科、仙人掌科（如瓦松）等采用景天酸代谢途径（CAM）进行光合作用。晚上气温低，气孔张开吸收固定二氧化碳（CO_2），以苹果酸的形式存储在细胞液泡中；白天气温较高，气孔关闭，细胞液泡中的苹果酸转入叶绿体，脱羧释放出CO_2进行光合作用。这种景天酸代谢光合途径可有效减少气孔张开时水分的丧失，是适应沙漠环境的一种高效生理适应机制。

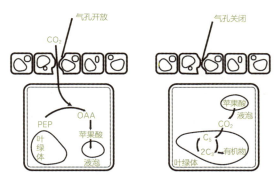

景天酸代谢示意

4. 思考：举例说明沙漠植物、旱生植物、多肉植物概念的主要异同。

相同点　　　　　不同点

探索实践

1. 前往沙漠植物集中生长地,在老师的引导下比较识别不少于10种与人们生活息息相关的沙漠植物,采用自然笔记的形式与同伴们一起分享。

   我的自然笔记

2. 分组开展观察不少于5种沙漠植物的形态特征,找出它们有哪些共同特征,记录下来,并向大家分享探索成果。

沙漠植物形态特征记录表

植物名称	茎	叶	花	果实	其他

共同特点:

安全提示:探索过程中需要特别谨慎,以免被刺伤;观察植物可轻轻触碰,但不得随意折断或划伤植物枝叶。

植物的攀爬特技

在自然界长期的生存演化中,植物们"八仙过海,各显神通",有一类植物,他们使出各自的攀爬本领,见缝插针寻找合适的生存空间,在自然界争得一席之地。

课程目标

1. 了解常见藤本植物的生长习性和攀爬构造;
2. 通过诵读《诗经》感受植物文化之美;
3. 通过填写任务单养成记录习惯,并锻炼孩子们细分观察、比较分析和总结归纳的能力。

课程对象 小学高年级学生/初中生

课程内容

课前讨论

1. 从课文导入

● **面向小学生:** 回顾小学语文教科书中的课文《爬山虎的脚》(作者:叶圣陶):"学校操场北边墙上满是爬山虎……以前,我只知道这种植物叫爬山虎,可不知道它怎么能爬。今年,我注意了,原来爬山虎是有脚的。爬山虎的脚长在茎上……爬山虎的脚触着墙的时候,六七根细丝的头上就变成小圆片,巴住墙……

不要瞧不起那些灰色的脚，那些脚在墙上相当牢固，要是你的手指不费一点儿劲，休想拉下爬山虎的一根茎。"

你观察过爬山虎的"脚"吗？是什么样的呢？

● **面向初中生**：诵读舒婷的《致橡树》："我如果爱你/绝不像攀援的凌霄花/借你的高枝炫耀自己……我必须是你近旁的一株木棉/作为树的形象和你站在一起……"

诗句中无辜被贬化的凌霄花是一种藤本植物，你知道它是怎么向上攀爬的吗？

凌霄

爬山虎

2. 想一想

分小组讨论一下，如果你是藤本植物，你会采用什么办法攀爬向上生长呢？

a.   b.   c.   d.

我们身边有哪些植物是攀援植物呢？

a.   b.   c.   d.

引导解说

在藤本植物较为集中生长的地方进行解说，引导学习者一起观察和总结。

1. 藤本植物的攀爬技巧

一般来说，为了充分利用太阳光资源，植物们会积极努力向上生长。与乔木、灌木不同，藤本植物的茎较为纤细，无法独自直立向上支撑整个枝叶系统。在自然界长期的生存演化中，它们进化出了独特的攀爬构造，成为自然界中种类多样、不可忽视的植物群体。

藤本植物攀援向上的技巧主要有缠绕、卷须、吸附、依附等多种方式。

（1）缠绕

有的植物茎在生长过程中会缠住他物，旋转向上生长，这就是缠绕。缠绕方向有左旋和右旋之分，如牵牛（*Ipomoea nil*）、菟丝子（*Cuscuta chinensis*）、飘香藤（别名双腺藤，*Mandevilla sanderi*）等植物茎为右旋，而五味子（*Schisandra chinensis*）、鸡矢藤（*Paederia foetida*）、勾儿茶（*Berchemia sinica*）等植物茎为左旋。紫藤（*Wisteria sinensis*）等植物茎则左旋和右旋都有。

五味子

鸡矢藤

勾儿茶

牵牛

飘香藤

（2）卷须

有一些藤本植物的茎本身缠绕，但依靠卷须缠绕在他物上进行攀援。卷须有茎卷须和叶卷须两大类，如马㼎儿（*Zehneria japonica*）、睡布袋（*Gerrardanthus macrorhizus*）、南瓜（*Cucurbita moschata*）、乌蔹莓（*Cayratia japonica*）等植物的茎变为卷须，常常有分枝；野豌豆（*Vicia sepium*）等豆科植物的叶变态为卷须，而菝葜（*Smilax china*）等植物的托叶变态为卷须，以寻找可以支撑的物体。

乌蔹莓的茎卷须

睡布袋的茎卷须

野豌豆的叶卷须

菝葜的叶柄卷须

火焰兰的气生根

（3）吸附

爬山虎（又名地锦，*Parthenocissus tricuspidata*）每个叶柄的基部会伸出分枝状的茎卷须，遇到墙体等他物后，卷须膨大的末端会变成扁平的海绵状吸盘，如壁虎的脚一般牢牢吸附在上面。借助吸盘的固着作用，爬山虎一步一个脚印，脚踏实地向上延伸。

凌霄（*Campsis grandiflora*）、常春藤（*Hedera nepalensis* var. *sinensis*）、火焰兰（*Renanthera coccinea*）等植物在茎的节点上生出气生根，能够分泌黏液并插入缝隙中，以附着在其他物体表面。

（4）依附

依附是指借助自身的钩刺［如钩藤（*Uncaria rhynchophylla*）、猪殃殃（*Galium spurium*）、葎草（*Humulus scandens*）等］、刺状物（如藤本月季）或叶柄［如铁线莲（*Clematis florida*）、旱金莲（*Tropaeolum majus*）］等，依靠他物的衬托，永不停歇地向上攀登。

葎草的茎、枝、叶柄均有倒钩刺　　　钩藤的双钩刺　　　藤本月季借刺依附

（5）匍匐

草莓（*Fragaria* × *ananassa*）、积雪草（*Centella asiatica*）等植物依靠匍匐茎，在地面爬行向前生长，每爬行一段距离，茎节处便长出不定根扎入土中，然后继续伸出匍匐茎向前延伸。

积雪草

2. 植物文化

数千年前的古代诗歌集《诗经》中就提到了很多藤蔓植物，让我们一起走进古典文学，了解先民的生活实况吧。

（1）栝楼

果臝（luǒ）之实，亦施于宇。——《豳bīn风·东山》

译文：栝楼藤上结了瓜，藤蔓爬到屋檐下。

这是一首征人解甲还乡途中抒发思乡之情的诗，想到家乡就想起了爬满屋檐的果臝。而诗歌中的果臝现在被称为栝楼（*Trichosanthes kirilowii*），葫芦科的一种草质藤本，茎特化为卷须，缠绕于他物而向上生长。根和果实可药用，根粗大肥厚，富含淀粉，果实有清热化痰、润肺止咳的功效。

栝楼的茎卷须和果实

（2）葫芦

七月食瓜，八月断壶。——《豳风·七月》

译文：七月吃甜瓜，八月摘葫芦。

执豕（shǐ）于牢，酌之用匏（páo）。——《大雅·公刘》

译文：圈里抓猪做佳肴，且用葫芦瓢儿酌美酒。

植物解说：葫芦（*Lagenaria siceraria*），俗称瓠瓜，葫芦科一年生攀援植物，茎卷须二歧分枝，单性花，花朵单生，形成瓠果，果皮干燥后常用作壶或瓢。

葫芦

（3）凌霄

苕（tiáo）之华，芸（yún）其黄矣。心之忧矣，维其伤矣！

苕之华，其叶青青。知我如此，不如无生。

——《小雅·苕之华》

凌霄花

古代的苕即为凌霄，"华"通"花"，凌霄花盛开，叶青花黄，而荒年的人民却难以为生。诗人痛心身处荒年，人们在饥饿中挣扎，难有活路，不如凌霄这类植物活得自在，生命旺盛。

探索实践

活动名称 火眼金睛

分小组，一起寻找不同的藤蔓植物，仔细观察它们是依靠什么特技攀援向上生长的。看看哪组找的种类最全。

攀援植物室外观察记录表

小组名称　　　　　　记录地点　　　　　　记录日期

攀援类型	植物名称	攀援结构	枝叶花果特征
缠绕			
卷须			
吸附			
依附			
更多发现			

解锁花的密码

全球分布着30多万种有花植物,从花朵仅针尖般大小的芜萍到花直径达1米以上的大王花,从散发奇香的茉莉花到散发腐臭味的巨魔芋,从花瓣整齐的梅花到花瓣特化的兰花等等,无一不彰显出自然界中花的多样性。

课程目标

1. 通过自然观察掌握花朵的典型特征,感受花的美丽;
2. 了解花的结构与传粉媒介的关系;
3. 尝试用科学的语言来描述花的结构。

 课程对象 初中生/高中生

 课程内容

课前探索

材料准备:放大镜、镊子、解剖针、刀片、笔、纸、书写板、记录单等。

每2人一组,在指定的区域寻找5种不同的开花植物,仔细观察它们花的特征,有没有见到昆虫来访花?如没有,猜一猜,这些植物的传粉媒介可能是什么?

花的传粉探索记录表

小组名称		小组成员		观察日期	

序号	植物名称	花的特征	传粉者	其他发现
1				
2				
3				
4				
5				
6				

引导解说

1. 认识花的结构

一朵完整的花通常可以分为5个部分，即花柄、花托、花被（花萼和花瓣）、雄蕊和雌蕊，这样的花称为完全花。

花的结构示意

不完全花：自然界中，很多植物在进化过程中花的某部分结构简化或缺失，成为不完全花。如水鳖（*Hydrocharis dubia*）、栝楼（*Trichosanthes kirilowii*）的花为单性花，雄蕊/雌蕊退化等。

栝楼的雌花
（雄蕊退化）

水鳖的雌花
（雄蕊退化）

2. 科学描述一朵花

不同的花，各部分数目不同，但常为3、4、5或其倍数，称为花基数。

● 花程式：借用符号及数字组成一定的程式来表明花各部分的组成、排列、位置以及它们彼此的关系。*代表辐射对称，↑代表两侧对称，P代表花被，K代表花萼，C代表花冠，A代表雄蕊，G代表雌蕊。

例如：百合的花基数是3，它的花被片6，分为2轮，每轮3片；雄蕊6，同样分为2轮，每轮3枚；雌蕊由3心皮组成，合生，子房上位，3室。

百合花：
$*P_{3+3}A_{3+3}\underline{G}_{(3:3)}$

野豌豆花：
$↑K_{(5)}C_5A_{(9)+1}\underline{G}_{(1:1)}$

● 花图式（Floradiagram）：是用花的横剖面简图来表示花各部分的数目、离合情况，以及在花托上的排列位置，也就是花的各部分在垂直于花轴平面所作的投影。

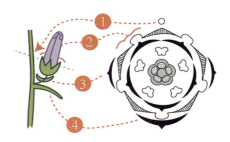

1. 花轴 2. 萼片 3. 小苞片 4. 苞片

花图式示意

3. 探索花儿传粉类型

花粉由花粉囊散出，借助一定的媒介力量，被传送到同一朵花或另一朵花的雌蕊柱头上的过程，称为传粉。

自然界普遍存在两种传粉方式：

● 自花传粉（self-pollination）：一朵花的花粉落到同一朵花的雌蕊柱头上的现象，如番茄等。自花传粉容易导致后代生活力逐渐衰退。

● 异花传粉（cross-pollination）：雄蕊的花粉粒借助风和昆虫等媒介传到另一朵花的雌蕊柱头上的传粉现象，如柳兰（Chamerion angustifolium）等。绝大多数植物采用异花传粉方式。

雄蕊成熟，柱头未显露。

雄蕊已干瘪，柱头才显露。

柳兰的花采用雄蕊先熟，雌蕊后熟的方式避免自花传粉

（1）异花传粉的传粉媒介

植物的传粉媒介有两大类——非生物的媒介（如风和水）和生物媒介（如蜂类、蛾类、蝶类、蝇类、鸟类等）。和生物媒介传粉相比，风媒和水媒等非生物传粉的花大多没有鲜艳的颜色、芳香的气味和蜜腺，花小而不明显。

马尾松的雄球花

传粉综合征：植物花朵为了适应花粉传播的不同途径，在长期的自然选择中进化出的一系列综合特征，包括形状、大小、颜色、气味、回报方式和数量、花蜜成分、开花时间等。

①风媒传粉

依靠风媒传粉的花约占所有开花植物种类的20%，典型的如玉米等禾本科植物、榛（*Corylus heterophylla*）、桦木（*Betula* sp.）、马尾松（*Pinus massoniana*）、构树（*Broussonetia papyrifera*）等。这种传粉不精准，花粉粒借助风散播开来，恰巧落在同种植物另一朵花的柱头上的概率很小，其余大量的花粉粒被浪费掉了。

构树的雄花序（柔荑花序）
和雌花序（头状花序）

● 花多密集成花序，可产生大量花粉；

● 花粉粒体积小而轻，外壁光滑干燥，便于被风吹散；

● 常常花丝细长，伸出花外，有利于花粉散出；柱头较长，呈羽毛状以便接受花粉；

● 多为单性花，单被或无被，先叶开花等。

②水媒传粉

在所有非生物传粉的植物中仅约有2%是依靠水媒传粉，水沿着与风向基本一致的方向运输着花粉粒，如苦草（*Vallisneria natans*）、水鳖（*Hydrocharis dubia*）等植物。

③虫媒传粉

绝大多数的花，如油菜（*Brassica rapa* var. *oleifera*）、葡萄风信子（*Muscari botryoides*）、千屈菜（*Lythrum salicaria*）等，依靠昆虫传粉。能传粉的昆虫有蜜蜂、胡蜂、蝇、甲虫等。依靠昆虫传粉的花色泽亮丽，花大而显著，颜色鲜艳；多具有特殊的气味来招引昆虫；多具有花蜜；花粉粒较大，外壁粗糙，富有黏性；雌蕊柱头有黏液。

蛾类传粉的花大多夜间开放，具有罐状花冠，白色，大而显眼，并且在夜间或清晨散发出浓郁的甜香气。天蛾则可在日间行动，借助快速闪动的翅膀停留在花前面。

④鸟媒传粉

鸟媒传粉的花大多具有大量花蜜，而且花朵呈红色，比如蜂鸟会吸食芦荟的花蜜等，在大快朵颐的同时，鸟喙和羽毛会粘上花粉。

水鳖

中华蜜蜂为葡萄风信子传粉

中华蜜蜂为千屈菜传粉

丝兰蛾为丝兰花传粉

⑤蝙蝠传粉

蝙蝠（*Vespertilio* sp.）传粉的花朵常常夜间开放，一般大而显眼，白色或浅色，散发强烈的气味，花粉粒较大，而且提供花蜜如巨人柱（*Carnegiea gigantea*）等。蝙蝠通过视觉、嗅觉和回声精准定位，吸食花蜜，极好的空间记忆有助于蝙蝠重复访问花朵。在美洲，蝙蝠传粉的花朵经常有硫磺的气味。

蝙蝠拜访巨人柱的花

（2）自花传粉

自然界中，极少数植物采用自花传粉。自花传粉的花朵必须为两性花，且雌、雄蕊同时成熟。如豌豆（*Pisum sativum*）、小麦（*Triticum aestivum*）等。

闭锁花：堇菜（*Viola arcuata.*）、紫花地丁（*Viola philippica*）等植物除了正常地完成异花传粉外，还从植株基部长出许多闭锁花（花始终不开放），悄悄完成自花传粉过程。

此外，车前（*Plantago asiatica*）等植物会同时采用风媒传粉和虫媒传粉两种形式，以风媒传粉为主，但同时也被昆虫光顾。

紫花地丁

车前

探索实践

1. 了解有花植物异花传粉的主要类型后,请再次走进自然,在寻找和观察过程中完成下列表格。

异花传粉自然探索记录表

小组编号		小组成员		观察日期

序号	传粉媒介	植物名称	与传粉相关的特征
1	风		
2	水		
3	蝴蝶		
4	蛾类		
5	蜜蜂		
6	鸟类		
7	蝙蝠		
8	人		

2. 挑选你最喜欢的一朵花,仔细解剖观察,试着记录下它的花程式和花图式。

花儿的彩色广告

自然界有很多植物单朵花很小,无数迷你小花常常聚生在一起,集体"群租"大"广告牌",吸引传粉者的目光。

课程目标

1. 通过彩色苞片的观察,鼓励学生更多地观察自然;
2. 引导学生用进化的思想看待万物,并寻找自然的规律。

课程对象 小学高年级学生/初中生

课程内容

课前讨论

① 花儿传粉的主要类型:风媒、水媒、虫媒、鸟媒、雨媒等。

② 动物传粉:依靠昆虫、鸟类、蝙蝠、蛾类等动物传粉的植物中,一般都有显著的特征,如鲜艳的花被、香甜的花蜜、迷人的芬芳等,以此吸引动物。

如果你是自然界一朵很小的花,怎样才能吸引昆虫的注意呢?

引导解说

在长期的适应进化过程中,很多植物花朵采用了紧密协作的策略,花部分结构增大,或者靠近花朵的叶片变态为色彩鲜艳的苞片,形成"耀眼"的花序,以吸引传粉昆虫的到来,从而高效地完成异花传粉。

1. 部分花瓣增大

菊科植物的单个花朵较小,一般会群聚成头状花序,如菊芋(*Helianthus tuberosus*)和向日葵(*H. annuus*)等,在花盘边缘的为舌状花,花瓣呈舌状,较大;中间的小花为筒状花,彼此有序组合在一起,形成更显著的视觉效果,以吸引蜜蜂等昆虫为之授粉。

菊芋

向日葵

大叶白纸扇

红纸扇

2. 部分花萼增大成彩叶状

茜草科玉叶金花属的花则采用另外的策略,比如大叶白纸扇(*Mussaenda shikokiana*)的花朵较小,花瓣呈高脚碟状,黄色,一枚花萼增大为白色叶状;而红纸扇(*Mussaenda erythrophylla*)的花瓣为白色,一片花萼增大成红色叶状,使得聚伞花序与周围的绿色叶片明显区别开来。

3. 花丝伸长，色彩鲜亮

红千层（*Callistemon rigidus*）的花朵聚生成穗状，花朵较小，花瓣绿色，很不起眼，但雄蕊鲜红色，远超出花瓣，花柱比雄蕊稍长，也为鲜红色，远远看去，整个穗状花序极似一把红色瓶刷，十分抢眼。

红千层

勒杜鹃

鱼腥草

4. 色彩鲜艳的彩色苞片

深圳市花叶子花（别名勒杜鹃、三角梅，*Bougainvillea spectabilis*），通常3朵花生在枝顶，花被合生成管状，十分迷你，但外面3枚叶状总苞色彩鲜艳，在枝头十分招摇。

蕺菜（即鱼腥草，*Houttuynia cordata*）的花组合成穗状花序，基部的4片苞片变成白色花瓣状，远看似一朵花。

龟背竹（*Monstera deliciosa*）的花被全部退化，小花聚生成肉穗花序，一片硕大的佛焰苞半包在外面。魔芋等天南星科植物都采用了这一传粉策略。

金苞花（*Pachystachys lutea*）、虾衣花（*Justicia brandegeeana*）、白苞爵床（*Justicia betonica*）等很多爵床科植物，

龟背竹　　　金苞花　　　白苞爵床　　　　　鹤望兰

花朵聚生成穗状花序，苞片和花朵都十分鲜艳抢眼。开花前鲜艳的苞片便向周边昆虫发出邀请，吸引着传粉者的到来。

鹤望兰（*Strelitzia reginae*）原产于非洲南部，是热带亚热带地区常见观赏植物，花朵排成聚伞花序，生于一个舟形的绿色佛焰苞中，萼片为橙黄色，花瓣为蓝色，整个花序看起来像展翅欲飞的仙鹤，立在花葶顶端，十分醒目。

马桑绣球

5. 不育花辅助广告

有的花儿也懂得"牺牲自我，成就他人"。绣球属植物的花常为两种形态，不育花位于花序外侧，花瓣和花蕊退化，萼片则增大呈花瓣状，色彩鲜艳；可育花位于花序内侧，花萼和花瓣极小甚至退化，如马桑绣球（*Hydrangea aspera*）主要依赖周边的大型不育花来吸引传粉昆虫的眼球。

6. 花序基部的彩叶广告

大戟科的一品红（别名圣诞花，*Euphorbia pulcherrima*）也不例外，花单性，花瓣退化，1朵雌花和几朵雄花生在一起，外包以杯状的淡绿色总苞片，形成该属特有的杯状聚伞花序（即大戟花序），一品红的很多花序又聚生在一起，周边包围着十余枚鲜红色的苞叶，如此鲜艳，想不被发现都难。

一品红

老虎须之谜

自然界的每一个结构都是经过长期的适应性进化而来，都有着存在的价值和意义。然而，在人们的眼中，老虎须却成了一个谜。

老虎须，大名箭根薯、蒟蒻薯（*Tacca chantrieri*），无数翠绿的叶片中伸出无数张龇牙咧嘴的面孔，整个花序呈紫黑色，两片发达的大苞片垂直向上，小苞片丝状形如飘逸的胡须，其间生有十余朵小花，整个花序形态十分奇特。科学家们对其进行了传粉生物学研究，发现它竟然是自花授粉。那么，它们耗费巨大的能量竟然没有任何用途？这还有待进一步研究来揭秘。

结语：

世间生命千姿百态，需要用心去观察，哪怕是路边的一棵小草，蹲下来仔细观察，也会有惊喜的发现。引导学生去观察自然界中更多这样的趋同进化的植物吧。

老虎须

探索实践

1. 寻找并观察开花植物，还有哪些植物也具有集体"租用"醒目"广告牌"的策略？记录下来，并分享给大家。

植物"广告"策略观察记录表

小组名称		小组成员		观察日期	

序号	植物名称	花的"广告"方式
1		
2		
3		
4		
5		
6		

2. 挑选一种你最喜欢的"广告"植物，仔细观察并把它画下来吧！

兰花的魅惑

兰花以其多样的形态、绚丽的色泽以及多变的栖息吸引着数不尽的昆虫忙忙碌碌，为之传粉。每一朵兰花的盛开，都在向外昭示她独特的语言，"兰开无语月知心，红尘自有懂君人"，你和我能读懂她的语言吗？

课程目标

1. 理解异花传粉的生物学意义；
2. 了解兰花的结构特征及传粉策略，提升保护兰花及环境的意识；
3. 增强自然观察意识，提高动手能力和表达能力。

课程对象 初中生/高中生/成人

课程内容

课前讨论

分组讨论：如果你是一朵兰花，你会采用什么策略吸引昆虫传粉？并汇总分享。

引导解说

兰科植物的传粉是单子叶植物虫媒传粉最为精妙、最为神奇的类群。在适应形形色色的昆虫传粉过程中,兰科植物的花朵形态发生了奇异的变化,具备了适应特定昆虫传粉的各种精巧结构,而且还有近1/3的种类依赖于欺骗性传粉,由此导致了兰科植物丰富的物种多样性。每一朵兰花迷人的美貌背后,究竟隐藏着怎样的"狡黠"?"正人君子"也好,"欺骗大师"也罢,让我们一起来解读兰花的语言吧。

妙招1:"停机坪"服务

兰花的唇瓣常常形态特化,由于花朵常180°扭转,使得唇瓣位于下方,成为昆虫传粉的"停机坪"。唇瓣的正上面是合蕊柱,蕊柱上的花粉团由数千粒花粉粒聚集而成。当昆虫在唇瓣上落脚,试图钻入花中时,头上或背部就沾上了花粉团,当它飞抵另一朵同种类的兰花时,便完成了传粉。

石斛兰的花部结构

妙招2:香甜的花蜜

花粉或花蜜是昆虫的最爱。为了提高昆虫传粉的效率,兰花常常将花蜜深藏起来,唇瓣向后延长成为距,蜜腺一般位于花距近末端。大彗星兰(*Angraecum* sesquipedale）、狮子风兰（*A.leonis*）等风兰属植物都有着长长的花距，吸引而来的蛾类要伸出长长的喙，并且努力将喙探入花中，才能吸取到位于花距底部的花蜜，而此时它们的头部和背部便会蹭上花粉。

狮子风兰

血叶兰

达尔文很早就开始关注兰花传粉，1862年的一天，达尔文收到一份来自马达加斯加的标本，立刻被其长达30厘米的距惊呆了，于是他大胆地做出预测：马达加斯加岛一定生活着一种有着极长喙的飞蛾，协助兰花完成授粉。40年后，科学家真的在马达加斯加岛上找到了一种喙长达25厘米的天蛾，并用夜视仪记录其访花的精彩瞬间，将之命名为长喙天蛾（*Macroglossum* sp.）。这种兰花被命名为大彗星兰，又被称为"达尔文兰"。

血叶兰（*Ludisia discolor*）的唇瓣与喙柱基部合生成短距，距内有胼胝质，并产生花蜜，菜粉蝶（*Artogeia* sp.）取食花蜜时足部会携带花粉，协助完成传粉。

大花蕙兰

妙招3：香氛诱惑

兰花散发出不同的气味以吸引不同的昆虫传粉。如中华蜜蜂（*Apis cerana*）闻到蕙兰（*Cymbidium faberi*）花散发的"迷人"香氛，会像被迷醉了一样，摇摆着冲进蕙兰花丛中。华石斛（*Dendrobium sinense*）开花时会释放某一种蜜蜂身上特有的气味，黑盾胡蜂（*Vespa bicolor*）喜欢用这种蜜蜂喂食自己的幼虫，所以一闻到这种气味，它们便毫不犹豫地扑向华石斛唇瓣基部橘红色的区域。

妙招4：真假路标指引

对于成年食蚜蝇来说，黄色代表着营养丰富的花粉。小叶兜兰（*Paphiopedilum barbigerum*）花朵中的退化雄蕊呈现鲜亮的黄色，吸引食蚜蝇争先恐后前往。纹瓣兰（*Cymbidium aloifolium*）没有花蜜，却在花瓣上有一些纵条纹，向花内延伸，这在蜜蜂眼中就是通向花蜜的路标，当蜜蜂顺着路标，飞入兰花，花粉块就沾到蜜蜂身上了。西藏杓兰（*Cypripedium tibeticum*）那巨大而暗色的囊状唇瓣极似熊蜂的巢穴，吸引熊蜂进入。

小叶兜兰

纹瓣兰

西藏杓兰

妙招5：产卵地模拟

食蚜蝇幼年时以蚜虫为食，长瓣兜兰（*P. concolor*）的花瓣基部长出很多黑栗色小突起，极似蚜虫，蚜虫是食蚜蝇幼虫的美味佳肴，雌性食蚜蝇常常将卵产在叶片上，掉入囊中的食蚜蝇很难原路退出，只能沿着囊底基部两侧的特定通道逃逸，出来时挤压雄蕊，花粉便沾在其背上或头部，带往另一朵花。硬叶兜兰（别名玉女兜兰，*P. micranthum*）的背萼片和花瓣上有紫红色斑点，这是模拟蝇类的产卵地，吸引蝇类前来产卵。

长瓣兜兰

硬叶兜兰

妙招6：自动叩响"扳机"

瓢唇兰（*Catasetum viridiflavum*）的唇瓣基部有可灵活松动的"关节"。当蜜蜂靠近时，一旦触动唇瓣上的"扳机"，花粉会自动弹出，沾在蜜蜂身上。

中华蜜蜂为芳香石豆兰（*Bulbophyllum ambrosia*）传粉的过程也和花部的"扳机"息息相关。后背携带有花粉块的中华蜜蜂落在芳香石豆兰的唇瓣上后，唇瓣被蜜蜂下压，然后反弹，这导致蜜蜂后背紧贴蕊柱，花粉块被柱头粘住，完成授粉。

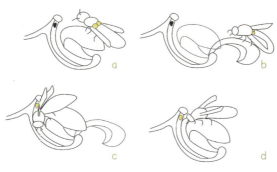
瓢唇兰传粉示意

芳香石豆兰

妙招7：食源性欺骗

据记载，杏黄兜兰（*P. armeniacum*）会模仿食源性植物，靠花香和鲜艳花色吸引传粉者，假雄蕊上斑纹和唇瓣内斑点可近距离引诱传粉者进入囊状唇瓣，传粉者陷入唇瓣后，从基部通道逃逸时，先擦碰柱头，然后碰压可育雄蕊，将花粉块带走。

杏黄兜兰

妙招8：性欺骗

比起简单的食物诱惑，性的诱惑似乎更加猛烈些。角蜂眉兰（*Ophrys speculum*）的花朵不仅惟妙惟肖地模拟雌性土蜂的模样，还散发出雌蜂特有的性外激素，诱骗雄性土蜂（*Dasyscolia* sp.）前来交配。被迷得神魂颠倒的家伙紧紧抱住唇瓣，慌乱与忙碌中，头上便沾上了花粉块。当它再次被另一朵花吸引时，异花传粉便完成了。成功授粉的角蜂眉兰很快散发出另一种土蜂不喜爱的气味而闭门谢客。

角蜂眉兰

多花脆兰

妙招9：雨水传粉

大多数物种进化出防止花粉接触雨水的花部结构。然而，多花脆兰（*Acampe rigida*）除了借助昆虫传粉外，还进化出了适应雨水自花传粉的特征，如其花序直立，花朵交叉排列、向上开放，花瓣肉质厚实有弹性，以及特殊的合蕊柱结构等，而且常常在8～9月雨季开花，借助雨水完成自花传粉。

妙招10：自力更生

大根槽舌兰（*Holcoglossum amesianum*）在无风、干旱、缺少传粉昆虫的情况下，能够将花蕊逆重力旋转360度，将花粉块精确地插入自己的柱头腔，完成自花授粉。虎舌兰（*Epipogium roseum*）的蕊喙退化，花粉块粘盘缺失，柱头和花粉块直接接触而自花授粉。这是植物为确保繁殖成功而进化出的多种机制的补充。

大根槽舌兰

虎舌兰

为扩大传粉的概率，很多兰花不仅采用某一招，而是形态、色泽、气味等多种招数并用，以吸引昆虫前来传粉。但再高明的招数终会被识破，上当后的昆虫逐渐学会识别，再加上很多随机因素，使得兰花的昆虫访花和结实率很低，平均不到20%。然而，兰花的一个花粉块含有上千粒花粉，只要昆虫的一次成功传粉，就足以结出数以千计的种子，使得兰花得以繁衍昌盛。

探索实践

1. 分组讨论

选一朵较为常见的兰花进行解剖和观察，展开讨论：兰科植物的花为适应昆虫传粉进化出了哪些显著特征？

2. 任务挑战

（1）根据所学内容，将蝴蝶兰花朵的基本结构指出来。

（2）下列哪种兰花不仅借助昆虫异花传粉，还能借助雨水完成自花授粉？（　　）

A. 蝴蝶兰　　　B. 杓兰　　　C. 多花脆兰　　　D. 虎舌兰

（3）下列哪种兰花在没有昆虫异花授粉的时候，花朵中的花粉块柄会自主向内弯曲，将顶端的花粉块送到柱头上完成自花授粉？（　　）

A. 蝴蝶兰　　　B. 杏黄兜兰　　　C. 多花脆兰　　　D. 大根槽舌兰

（4）下列哪种兰花开花期间会散发出不太令人愉悦的气味，吸引蝇类传粉？（　　）

A. 蝴蝶兰　　　B. 杏黄兜兰　　　C. 多花脆兰　　　D. 麦穗石豆兰

（5）挑选一种你最喜欢的兰花，仔细观察并完成自然观察笔记。

无花果的秘密

自然界有一类花不但毫不张扬，反而深深隐藏起来，只为了等待生命中那唯一懂她的小伙伴！到底是花还是果，你自己去探索吧！

课程目标

1. 了解无花果种类的多样性和传粉生物学特征；
2. 学会科学观察和记录的探究方法；
3. 了解植物与昆虫之间密不可分的互利共生和协同进化。

课程对象　亲子家庭/小学高年级学生/初中生

课程内容

课前探究

1. 观察无花果

材料准备：成熟的和未成熟的无花果若干、解剖刀、镊子、纸巾、桌垫等。

a. 采用先外再内的观察步骤。无花果外观呈梨形，新鲜果梗折断会有乳汁，顶端圆钝，看看是否有一圆形蜂类出入小孔。

无花果

b．用解剖刀从中间纵剖开新鲜未成熟和成熟的无花果，比较是否都有白色乳汁渗出。用镊子挑取榕果中的小花仔细观察，看看是否有雌花和雄花之分，形态特征如何。

c．分组讨论，并分享观察结果。

两种不同榕果的比较观察记录表

小组名称		小组成员	观察日期
		未成熟榕果	成熟榕果
	外观色泽		
	顶端圆孔		
	白色乳汁		
	小花形态（雄花/瘿花/雌花）		
	榕小蜂		
	其他特征		

2. 品尝无花果

将成熟的无花果清洗干净，放入口中，慢慢品尝，是否有甜糯感？想一想，无花果食用部分主要为花或花序的哪部分？

引导解说

1. 解密无花果

无花果（*Ficus carica*）是栽培较广泛的一种榕属植物，为落叶灌木。原产于地中海沿岸。我国唐代即从波斯传入，现南北均有栽培，新疆南部尤多。

无花果

雌(左)/雄(右)榕小蜂
形态差别大

和其他榕属植物一样，无花果拥有植物界中最为奇特的花序类型——隐头花序，开花时花序托膨大，里面含有无数朵小花，外观看似果实，仅在前端留有一个圆形小通道，供为之传粉的榕小蜂（Aganoidae sp.）进出，故名隐头果或榕果。

无花果的花雌雄异株，榕果单生叶腋，雄花和瘿花同生于同一榕果内壁，雄花生于内壁口部，瘿花花柱侧生，短；雌花生于另一榕果内，花柱侧生，柱头2裂，线形。瘿花实质上是特化的雌花，柱头短，不能结实，适合榕小蜂产卵和孵化生长。

榕小蜂雌雄异态，雌蜂黑色有翅，雄蜂黄色无翅。雌蜂与雄蜂在瘿花中完成交配后，雌蜂带着满腹的受精卵慢慢从花序顶端出口爬出，途经开放着的雄花，身体便携带了无数花粉，飞出后的雌蜂便开始寻找产卵场所，而完成"任务"的雄瘿隐头花序便逐渐衰老甚至脱落。携带花粉的雌蜂会循着气息找到其他隐头花序，并且从花序开口钻入花序中，当进入花序内部后，身上携带的花粉会为雌花授粉。雌花授粉后发育成无数迷你小果（种子极其细小），包在肉质的花序托里，发育成为真正的果实——聚花果。成熟后的果实呈紫红色或黄色，大而梨形，顶部下陷，糖分含量高，入口甘甜，因此又被称为"树上的糖包子"。

野生无花果在长期的适应性进化过程中，和榕小蜂形成了独特的互利共生关系，这就是常说的协同进化。无花果提供特化的瘿花供榕小蜂生长发育，榕小蜂在繁殖扩散的过程中帮助无花果传粉。

无花果地栽和盆栽都可，可播种繁殖，也可扦插和嫁接。栽培条件：大肥、大水、全光照。果期6~11月。无花果养护期间需注意植株的锈病、桑天牛以及鸟类取食，一般会设置防鸟网。

2. 薜荔的隐花果

薜荔（*Ficus pumila*）的花雌雄异株。雌性隐头花序外观近圆形，顶端圆钝，里面只有雌花，花柱较长；雄瘿隐头花序近梨形，顶端平截，里面有雄花和瘿花，雄花位于花序内壁近口端，瘿花位于雄瘿隐头花序内侧底部。

为薜荔传粉的是薜荔榕小蜂（*Wiebesia pumilae*），雌蜂和雄蜂在雄瘿花序中完成交配，雌蜂缓慢爬出来时沾上了花粉，开始寻找产卵地。一种可能是飞入一个雌性花序，由于产卵器太短，无法通过柱头向子房产卵，在力图寻找瘿花的过程中将身上的花粉全涂抹在长长的花柱上，协助雌花完成传粉；另一种可能是飞入一个雄瘿花序，在底部的瘿花子房内产卵，卵孵化后雌雄交配又开始下一轮回。

薜荔

薜荔的雄瘿花序（左）和雌花序（右）

3. 隐花果的多样性

桑科榕属植物的果实均为隐花果，该属在全世界约有1000种，主要分布在热带、亚热带地区。我国约有98种。

花单性，都具有雄花、雌花和瘿花之分，有的雌雄同株，如榕树（*F. microcarpa*）、印度榕（*F. elastica*）、菩提树（*F. religiosa*）、聚果榕（*F. racemosa*）、异叶榕（*F. heteromorpha*）等；有的雌雄异株，如斜叶榕（*F. tinctoria*）、矮小天仙果（*F. erecta*）、对叶榕（*F. hispida*）、薜荔、无花果等无花果亚属植物。

异叶榕　　　　　　　　　　　对叶榕　　　　　　　　　　矮小天仙果

在长期的生存进化和自然选择中，榕属植物与榕小蜂相互"礼让"，成为对方自然选择的动力，两者协同进化，逐渐形成了高度专一、"生死与共"的合作关系。

4. 隐花果进化溯源

科学家推测，早在1.3亿年前的白垩纪早期，各种甲虫开始兴盛，为避免昆虫的咬噬，榕属植物的花才发生了一系列的变异，花序轴膨大逐渐将所有幼嫩花朵包被起来，慢慢地就形成了今天所见的隐头花序。

为解决空间密闭不利于昆虫传粉的劣势，榕属植物花序的顶端形成了一个通道，洞口被覆瓦状的顶生苞片，成为阻止其他类昆虫进入的物理屏障，只有前口式、头部楔形的传粉榕小蜂才能顺利进入通道。并且在长期的进化过程中雄瘿花序中的雌花退化为瘿花，植株还源源不断地提供营养物质，专供雄瘿花序中的榕小蜂产卵和繁育，使得原本牢笼似的空间变成了榕小蜂生长繁育的天堂！

榕小蜂也懂得"知恩图报"，交配后的雌蜂寻找产卵地的时候，便会争先恐后地"误入"雌性花序内，自杀式地为雌花传粉，成功授粉后的雌花结出大量种子，使得植物得到繁衍，其他榕小蜂何愁找不到栖息和繁育场所呢？榕小蜂成为牺牲自己成就后代的典范。

榕属植物当然不傻，这恰恰是它们的智慧之处。因为榕小蜂是其唯一的传粉者，榕小蜂种族的繁衍壮大是榕属植物能够得到传粉的保证。榕属植物则会"掌握"主动权，通过控制花托中无性花的数量来限制榕小蜂的数量。

探索实践

1. 寻找植物园或周边林区的榕属植物,如正值花果期,请仔细观察其隐花果的外形和内部特征,比较并记录下来。

植物园内的榕属植物观察记录表

小组名称　　　　　　　小组成员　　　　　　　观察日期

物种名称	乔木/灌木/藤本	叶片形态	隐头果腋生/老茎生	隐头果形态

2. 小组讨论和分享

    (1) 为什么榕属植物的花朵会被隐藏起来?

    (2) 小花隐藏在"牢笼"中,增加了昆虫访花的难度,是否会减少传粉的成功率?

    (3) 雄瘿花序中的瘿花成为榕小蜂的产卵地,并且输送大量的营养物质培育数千只榕小蜂,它这样做是犯傻吗?

3. 你还能找出更多植物与昆虫之间协同进化的例子吗?请把观察的结果记录下来。

植物的旅行

地球上约有30万种植物,它们遍布在世界的各个角落。但是,鸟类能够展翅飞翔,兽类能够翻山越岭,鱼类能够畅游江海,扎根土壤的植物又会怎样"旅行"呢?

课程目标

1. 让学生爱上自然,在轻松的游玩中享受观察自然的乐趣;
2. 学习果实和种子的联系和区别;
3. 了解植物种子的不同传播方式,引导学生深入了解自然规律。

课程对象 小学生/亲子家庭

课程内容

课前讨论

① 提前在家附近捡拾一些果实和种子,它们都是什么?带到课堂上向大家展示和分享。

② 人们的生活离不开果实和种子,日常生活中哪些地方会出现种子?

③ 果实和种子为什么要尽可能向远方散播?

❹ 分组小游戏：4人一组，每组分得一种种子，通过观察，分析它们可能通过什么方式离开母株。

蒲公英　　草莓　　苍耳　　黄花风铃木

引导解说

为了更广泛地散播自己的后代，植物们"想尽了办法"，进化出了各种传播后代的方式，以求自己的后代有更多更广阔的发展空间。那么，植物都有哪些散播的策略呢？

1. 借助自身的机械弹力

凤仙花（*Impatiens balsamina*）的果实成熟时，稍有风吹草动，果皮立刻就会收缩卷曲，整个果实炸开，将种子弹射出去。喷瓜（*Ecballium elaterium*）的果实在成熟时，内部会积蓄很大的压力，果实一旦从果柄上脱落，携带种子的浆液就如揭开盖子的汽水一般被高速喷出。自然界大部分蒴果、角果、荚果等裂果成熟后果皮会裂开，将种子释放出来，如红千层（*Callistemon rigidus*）、酢浆草（*Oxalis corniculata*）、金鱼草（*Antirrhinum majus*）、堇菜（*Viola* sp.）等，豆类植物也借助自身的弹力弹射种子。

红千层

2. 借助风力

降香黄檀的果实

青榨槭的果实

蒲公英（*Taraxacum mongolicum*）的果实有白毛"降落伞"，降香黄檀（*Dalbergia odorifera*）、枫杨（*Pterocarya stenoptera*）、槭树（*Acer* sp.）、榆树（*Ulmus pumila*）以及羯布罗香（*Dipterocarpus turbinatus*）等龙脑香科植物果实的果皮延展成翅状，有利于随风飘飞。火焰树（*Spathodea campanulata*）、猫尾木（*Markhamia* sp.）等也利用各自的飞行"神器"，借助风力散播种子。

黄花风铃木（*Handroanthus chrysanthus*）原产于中南美洲，我国华南地区有栽培，3~4月开花并结果，果实长条形，成熟后开裂，数十颗种子便以轻薄透明的翅膀随风散播开来。

马利筋的种子

火焰树的种子

多花脆兰的果实

羯布罗香的果实

木棉的种子

人们常常用芝麻来形容小的种子，殊不知兰科植物的种子更加微小，其重量常常只有芝麻种子的几百分之一！有的种子周围有薄膜状翅，可随风飘得很高很远，如多花脆兰等。

世界上最高的树木——北美红杉（*Sequoia sempervirens*），一种原产于美国西海岸的常绿乔木，最高可达115米，但种子仅约4毫米长，带有一个微型的翅膀，可以随风飘落。

3. 借助水流

椰子（*Cocos nucifera*）的最大本事莫过于漂流，落在海滩上的椰果若被吹到海里，能够随着洋流漂浮数月，行程最远可达上千公里，厚厚的富含纤维的果皮保证种子不被海水侵蚀；近1升胚乳（椰汁）能够保证营养及水分供应，一旦被冲上沙滩就

发芽的椰子

开始生根发芽，因此热带岛屿即使远离大陆，也会有椰子树存在。海杧果（*Cerbera manghas*）、莲（*Nelumbo nucifera*）、银叶树（*Heritiera littoralis*）等也依靠水流散播后代。

海杧果

木榄（*Bruguiera gymnorhiza*）、蜡烛果（*Aegiceras corniculatum*）等红树类植物生长在热带海滩，在果实成熟后，直接在母树上萌发，长成胎苗才脱离母树，形成独特的"胎生"现象。胎苗依靠下落的冲力扎入下方的淤泥中，也可以随海水漂浮，一旦漂到海滩泥地中，便开始独立生长。

银叶树

木榄及其落地幼苗

4. 钩刺粘连于动物体表

苍耳（*Xanthium strumarium*）、鬼针草（*Bidens pilosa*）等果实表面有突出的钩刺或针刺，可以刺入动物的皮毛之中，随着动物移动得以散播。

白花鬼针草

5. 美味诱惑动物或人类取食

这类植物的果实一般含有营养丰富的果肉，如巨人柱（*Carnegiea gigantea*）等仙人掌类、槲寄生（*Viscum coloratum*）、西番莲（*Passiflora caerulea*）、龙眼（*Dimocarpus longan*）等，果实成熟后，被动物取食，种子坚硬不易被消化，通过粪便散布到其他地方。此外，人类也会有意携带或散播对人类有经济价值的种子。

西番莲

仙人掌果实

研究案例分享：黑尾狐棕与刺鼠的故事

南美热带雨林中的一种果实很大的棕榈——黑尾狐棕（*Astrocaryum standleyanum*）满身是刺，曾经依靠一种嵌齿象帮助它散播果实，但大约在1万年前，嵌齿象灭绝。一种个头和猫差不多大的啮齿动物——刺鼠补了缺，通过集体间彼此不断地偷盗这种独特的方式把种子带向远方。科学家跟踪发现，84%埋起来的果实，又会被其他刺鼠给偷走。每一粒果实平均被偷8次才最终定下来，被拖走了近68米多。

想一想 还有哪些植物种子散播方式更加独特？

探索实践

1. 评选"种子王"

　　快来找一找，在指定的区域里可捡拾到哪些果实和种子？

　　（分小组，4人一组，把捡拾到的果实和种子放入收纳盒，然后集中起来一起展示和分享。）

2. 把你们的种子分一分类，将它们的旅行方式归纳为不同类型。

　　①借助机械弹力散播：_____
　　②借助风力散播：_____
　　③借助水流散播：_____
　　④钩刺粘连于动物体表：_____
　　⑤美味诱惑动物或人类取食：_____

3. 植物种子"找妈妈"

　　一起来种子俱乐部，利用图片和文字介绍去找相对应的种子，一起来玩一场有趣的"种子找妈妈"游戏吧！

4. 帮助种子去"旅行"

　　在捡拾的种子中挑选你最喜欢的种子，把它们带回家去播种吧。你家有多远，它就随你散播多远！

第二篇

"植物多样性"系列

地球上的植物与其他生物、环境所形成的所有形式、层次、组合的多样化，我们称之为植物多样性，主要有遗传多样性、物种多样性和生态系统多样性三个层次。

丰富的植物多样性为人类的生存提供了基本条件，没有植物就没有人类的一切，任何一个物种的存在都具有无法估量的价值，"一个基因可以影响一个国家的兴衰，一个物种可以左右一个国家的经济命脉，一个优良的生态系统可以改善一个地区的环境"。

植物世界变化多样，人们穷其一生也无法完全了解。因此，必须学会利用有限的时间更多地了解植物，发现植物多样性的秘密，并可持续地利用和保护植物多样性。

本篇主要从植物的形态、色泽、产物等几个方面着手，选取了10个专题，带领学习者了解植物的叶片、色彩、树皮、花、果实、滋味、生长形态等多样性，以管窥自然世界的方方面面，学会用宏观思维看待复杂万物，并在探索过程中产生兴趣，爱上自然，形成正确的自然生态观。

"植物多样性"系列课程框架

玩转百变树叶

"一叶一世界",形态多样的植物叶片,在自然世界中构成了别样的风景。

课程目标

1. 了解树叶形态的基本知识,学会用科学的语言来描述植物叶片;
2. 学会观察自然中的叶片,并开拓思路,用树叶自制心中最美的自然作品。

课程对象　小学低年级/高年级学生

课程内容

课前讨论

① 叶子的外形千姿百态,你都见过什么样的叶子?
② 叶子为什么会有这么多的外形?
③ 我们如何将叶子的形状记录下来呢?

引导解说

一枚完整的叶子由叶片、叶柄和托叶组成,但是不少植物的叶会缺失某一部分。

叶片形态是植物分类的主要分类依据之一。学会用语言和文字科学描述植物的形态，是进行自然观察、提高个人科学素养的必备技巧。读懂树叶的语言可总结为如下几步：一看叶形，二看叶尖，三看叶基，四看叶缘，五看叶脉。如果根据科学术语对叶片进行全面比对，每个人都能成为植物叶片分类小达人！

1. 千变万化的叶形

（1）叶片的整体形状

叶片形态的科学描述与几何形状描述十分相似。需要说明的是，靠近叶柄的部位称为下部或基部，远离叶柄的部位称为上部或尖部。一般习惯于叶片上部窄，下部宽，所以将叶片最宽处出现在中部以上称为"倒×形"，比如"倒卵形""倒披针形"等，而"盾形"主要指叶柄生长在叶片的背面。

叶形的多样形态

（2）叶基的形态

叶基的多样形态

（3）叶尖的形态

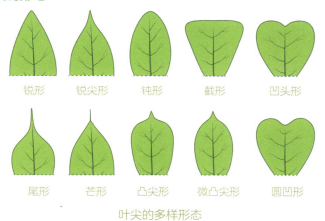

叶尖的多样形态

（4）叶缘的形态

叶缘的多样形态

波状　浅裂　羽裂　羽状深裂　掌裂　大头羽裂

叶缘的多样形态（续）

构树（*Broussonetia papyrifera*）是一种路边十分常见的野生树木，叶片的形态会随着环境的变化呈现明显的变化，一般幼苗期叶片裂得少，长大后叶片裂得多；阴暗环境中的叶片裂得少，阳光强烈的地方叶片裂得多；春天长的叶片裂得少，夏秋长得叶片裂得多。同一棵树甚至同一枝条上，都可以看到全缘、浅裂到深裂的不同形态。

构树叶片

2. 叶脉的形态

叶脉为叶的输导组织和支持结构。主要排列方式如下：

羽状网脉　掌状网脉　直出平行脉　弧形脉

射出脉　横出平行脉　叉状脉

叶脉的多样形态

3. 单叶和复叶

从茎上发出的一个叶柄上只生有一枚叶片，称为单叶；一个叶柄上生有2枚或2枚以上的叶片，称为复叶。羽状复叶是指复叶的叶轴较长，小叶在叶轴的两侧呈羽状排列，根据叶片的数目又可分为奇数羽状复叶和偶数羽状复叶。3枚或3枚以上的小叶片着生在缩短的叶轴上，分别称为三出复叶和掌状复叶。单身复叶是由三出复叶特化而来，其总叶柄顶端只具一枚叶片，柄端有关节与叶片相连，下面的2枚叶片退化成翼状，比如柑橘等芸香科植物的叶片。

复叶的形态

 比一比 说一说　选取几种不同形态的叶片，小组一起讨论，说说叶片的形态。

4. "面目全非"的变态叶

植物在长期的适应环境过程中，叶片的形态也会发生很大变化，这种失去叶子典型特征、具有其他特殊功能的叶，称为变态叶。

（1）叶刺：金琥等仙人掌科植物为适应干旱环境，叶片演化为刺状，以减少蒸腾失水，且还有防御功能。

（2）叶卷须：豌豆等植物茎干柔弱，不能自立，小枝顶端的叶片变态为卷须，借以缠绕在他物上。

（3）"广告"叶：花烛、鱼腥草等植物开花期间，花序基部的叶片变态为大大的彩色总苞片，无数迷你的小花"租用"醒目的"广告牌"，吸引昆虫前来传粉。

（4）食虫叶：瓶子草等食虫植物的叶片变态为瓶状、盘状、囊状等，用来捕捉小昆虫，以弥补氮素营养的不足。

（5）鳞叶：洋葱的叶片变态为肥厚多汁的鳞叶，可贮存大量营养。

花烛的"广告"叶

金琥的叶刺

洋葱的鳞叶

猪笼草的捕虫笼

瓶子草的捕虫瓶

探索实践

树叶变变变！

1. 树叶拼贴画

结合儿童的思维特点来策划，是儿童亲近自然、了解叶片构造的重要活动内容，旨在引领儿童观察自然，感受大自然的美，培养形象思维能力，并在动手创造美的同时增强环保意识。

材料准备 糨糊、剪刀、树叶、水笔、卡纸、铅笔等。

活动流程

①观察和捡拾树叶

一起走进自然里捡落叶，一边捡拾一边解答"这是什么植物的树叶""为什么秋天会落叶""这种叶片是什么形状"等问题。

②构思和摆放树叶

引导学生充分发挥想象，根据树叶的不同形态和色泽进行设计，拼成自己心中的主题。

③粘贴和完善图案

用快干胶将落叶固定在卡纸上，变成心中的小动物或是美丽的风景画，注意粘贴顺序和层次。写上作品名、作者姓名和作品日期。

④展评和分享作品

将完成的作品分享给伙伴们，可以互评和讨论创作心得。老师要鼓励大家努力创新，大胆实践，用自己的双手创造出美。

树叶拼贴画

2. 叶脉拓印

（1）涂色拓印

材料准备　新鲜叶片、颜料、白纸、刷子。

操作步骤

①捡拾落叶，注意选择叶背叶脉明显突出的叶片；
②将叶片朝上，用刷子蘸颜料均匀刷在叶片背面；
③将叶片蘸有颜料的那面朝下，轻轻放在白纸上的指定位置，轻轻按压；
④拿走叶片，即可见彩色叶片及叶脉。

涂色拓印

（2）彩铅拓印

材料准备　新鲜叶片（叶脉突出者为佳）、彩铅、轻薄的白纸。

操作步骤

①采集新鲜的叶片，注意选择叶脉明显突出者；
②将叶片放在桌面上，且背面朝上，上面放一张轻薄的白纸，左手按住白纸，右手用彩铅在白纸上涂画，注意始终沿着一定的方向涂画，用力要均匀，直到可见清晰完整的叶脉；
③在拓印的叶脉下面写上植物的名字。

彩铅拓印

（3）石膏拓印

材料准备 石膏、新鲜叶片（叶脉明显突出者为佳）、水、镊子、彩铅（可无）。

操作步骤

①先取3勺石膏粉，加水少量，拌匀，慢慢倒出，轻敲桌面，使得液体厚约1厘米左右，且石膏表面平整；

②将采集的叶片平放在石膏上，注意叶脉朝向石膏，展平轻压，静置3～5分钟；

③待石膏略干时，用镊子轻轻取下叶片，叶脉即清晰可见；

④用彩铅涂上自己喜欢的颜色（也可不画）。

石膏拓印

3．叶脉书签制作

材料准备

①植物叶片（选取叶脉分布均匀又密集的完整成熟叶片，如木瓜叶、玉兰叶等）；

②氢氧化钠（0.05g/ml）、碳酸钠（0.05g/ml）溶液；

③略柔软的牙刷或小试管刷、烧杯、铁架台、镊子、酒精灯、颜料、吸水纸、玻璃板、细丝带、标签机、过塑机。

活动流程

重点强调安全规范操作：活动过程要细心，不可急于求成，刷坏叶脉；高温强碱溶液不可手触，以免烫伤或受腐蚀。

①叶肉腐化处理：将清洗干净的叶片放入氢氧化钠或碳酸钠溶液中，加热，煮沸8~10分钟；

②漂洗：从溶液中取出，放入清水中漂洗多次；

③去除叶肉：用牙刷把已经腐化了的叶片两面的叶肉小心刷去，不要弄断叶脉；

④漂洗：用清水把叶脉漂洗干净；

⑤染色：将叶脉浸在染色液内（加热更好）几分钟；

⑥吸干：用吸水纸吸出叶脉上多余的染料；

⑦压平：把它放在玻璃板下压平；

⑧将做好的叶脉配一根彩色丝带；

⑨用标签机刻上名字标签；

⑩过塑。

4．成果展示及总结交流

12 自然的色彩

大自然呈现的色彩美妙绝伦,变幻莫测,我们一直在捕捉这些色彩,来装点我们的生活。人生如画,需要用色彩来描绘。

课程目标

1. 了解光合色素和非光合色素的种类、分布和作用。了解色素作为食品添加剂的作用和对身体健康的意义;

2. 了解光合作用的意义;

3. 动手操作提取植物光合色素,用文字、图标的方式呈现结果,并根据实验提出问题和猜想。

 课程对象 小学高年级学生/初中生

 课程内容

课前讨论

① 你们身边都有些什么植物?它们是什么颜色的呢?
② 这些颜色是怎么来的?

引导解说

1. 色彩从哪里来？

地球上的自然光源主要是太阳,太阳光到达地球表面时有一个很广泛的光谱,而我们人类的肉眼只能看到其中的一部分。这一部分能够被人眼看到的光称为可见光,其波长范围在440纳米到700纳米之间,按照从长到短的顺序依次为赤、橙、黄、绿、青、蓝、紫。绿光波长大约在500～600纳米。

连香树

上海辰山植物园内的郁金香

2. 为什么叶片多为绿色？

植物叶片里有许多叶绿体,通常情况下叶绿体内叶绿素的含量占有绝对优势,把其他色素都掩盖了。当太阳照射在植物叶片上时,叶绿素能吸收太阳光中的大部分可见光用于光合作用,对绿光却不吸收,绿光被叶片反射出来,因此,我们就看到了植物叶片呈现出绿色。

3. 植物体内有哪些常见色素?

（1）叶绿素

很多人炒菜时喜欢加醋，加醋之后的绿叶会变黄。这是因为叶绿素是一种不稳定的色素，遇到酸会降解。因此，青菜细胞内的叶绿素在酸性环境中含量下降，呈现出了被掩盖的黄色。

炒菜时加醋绿叶会变黄

（2）类胡萝卜素

除了叶绿素以外，植物叶绿体中还有一些色素，如叶黄素、胡萝卜素等，统称为类胡萝卜素。类胡萝卜素和叶绿素的吸收光不同，类胡萝卜素普遍会吸收紫色到绿色光谱的波段，从而会反射出黄色、橘色或红色。当秋天来临，气温降低，叶绿体中的叶绿素合成减少，分解增加，胡萝卜素和叶黄素的比例增加，植物体的叶片便呈现出了黄色。

类胡萝卜素不仅在植物中普遍分布，也存在于动物体内。比如，我们餐桌上的美食中，大闸蟹、三文鱼的鲜艳色泽就是来自类胡萝卜素；鸡蛋的蛋黄呈现鲜艳的黄色，正是因为蛋黄中富含叶黄素。

人体也需要摄入胡萝卜素，因为β-胡萝卜素分解产生的维生素A有助于视觉的维持。

正在变黄的银杏叶片

4. 植物体内是否还有其他色素？

植物体内，除了叶绿素和类胡萝卜素以外，还有一类色素，因不参与光合作用，而统称为非光合色素，如花青素和甜菜素，它们是使花朵、水果色彩缤纷的主要色素。

（1）花青素

花青素是一种水溶性植物色素，存在于植物细胞的液泡中，与花的颜色、叶片变红等有密切关系。

花青素是一种天然的抗氧化剂。花青素的颜色会随着身处环境的酸碱值变化而有所变化，随着细胞液pH值的升高，一般表现为酸性环境的红色到紫色，再到碱性环境下的蓝色。

紫玉米等经过水煮后会掉色，是因为植物细胞液泡被破坏，其中的花青素释放出来了。所以，当紫玉米水煮后呈现紫色水，你千万不要惊慌，怀疑是人工染色的。

罂粟属植物

酸性环境的红色、紫色到碱性环境下的蓝色

（2）甜菜素

甜菜素也是一类水溶性色素，主要是苋类、仙人掌类等石竹目植物细胞的液泡存在的色素，呈红色或黄色。如红心火龙果、红苋菜的色素就主要为甜菜素。相对于花青素，甜菜素的化学性质更稳定，经过人体肠胃也不容易分解。因此，当人们大量食用后，尿液和便便的颜色常常也为红色！

同一种植物一般不会同时有甜菜素和花青素，研究发现，两种物质的分子结构明显不同。比较一下，两者的结构有哪些明显不同？

5. 花果为何如此多彩？

（1）缤纷花儿为谁开？

自然界中，色彩缤纷的花儿分外招摇，目的是为了吸引授粉昆虫的注意，不同昆虫和动物会识别特定颜色的花瓣，提高授粉效率。而鲜艳的果实则是为了吸引动物取食并为之传播果实和种子。当植物果实没有成熟时，一般为绿色，隐藏在植物叶片丛中；一旦成熟了，鲜艳的颜色则能"召唤"动物们前来取食，同时将种子散播到更远处。

红心火龙果

中华蜜蜂飞向琉璃苣花朵

花青素（左）和甜菜素（右）的分子结构

（2）鲜艳色彩让人类更健康

植物色素在生活中可作为食品添加剂给食物染色，令人食欲大增。胡萝卜素具备维生素A活性，能在人体内转化为维生素A（即视黄醇），如果人体缺乏维生素A会患上夜盲症。此外，许多植物色素还具有抗氧化功能。

蜂鸟取食垂枝红千层花粉/花蜜

成熟度不一的老鼠瓜

探索实践

1. 叶绿体色素提取和分离实验

实验原理

提取：叶绿体色素易溶于无水乙醇（酒精、汽油、苯、石油醚等）等有机溶剂中，可以用无水乙醇提取绿叶中的叶绿体色素。

纸层析法分离：不同的叶绿体色素随层析液在滤纸上扩散速度不同，不同的色素会在扩散过程中分离开来，形成条带。

实验材料

无水乙醇、新鲜菠菜绿叶、层析液（石油醚：丙酮：苯＝20：2：1）、石英砂、碳酸钙、研钵、药匙、纱布、小烧杯、量筒、玻璃漏斗、干燥滤纸、剪刀、试管、毛细吸管、棉塞、天平、铅笔。

实验步骤

①取材：取新鲜菠菜叶5克，撕去叶脉，尽量剪碎，放入研钵。

②研磨：向研钵中放入少量石英砂和碳酸钙（约1/3药匙），加入10毫升无水乙醇，充分、迅速地研磨至匀浆状态。

③过滤：在小烧杯上放上4层纱布，将研磨液倒入小烧杯，过滤制备得到滤液备用。

④制备滤纸条：将干燥的定性滤纸剪成长与宽略小于试管的滤纸条，将其一端剪去两个角，并在距这一端1厘米处用铅笔画线。

⑤画滤液细线：用毛细吸管吸取少量滤液，沿铅笔线均匀画出细线（细而齐），待滤液干后，重复画线3～4次。

⑥固定装置：将适量层析液倒入试管中，将画好线的滤纸插入层析液中，用棉塞塞紧试管口。

⑦观察现象：10秒后，将滤纸条取出，风干。观察色素带及其颜色，做好记录。

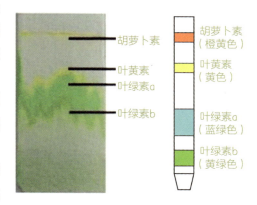

叶绿体色素层析带

注意事项

①选材时应注意选择鲜嫩、色浓绿的菠菜叶片；

②研磨要快，收集的滤液要用棉塞塞住，层析时要加盖，尽量减少有机溶剂的挥发（无水乙醇和层析液都易挥发、易燃且有一定毒性）；

③每次点样前要把烧杯中的滤液摇匀；

④尽量避免手上的杂质沾到滤纸条上；

⑤实验时保持通风，安全操作；

⑥实验注重团队合作，组员们共同完成实验。

❓ 思考题：

叶绿体的色素能够在滤纸上彼此分离的原因是（　　）

A. 色素提取液中色素已经分层

B. 阳光的照射使不同色素彼此分开

C. 乙醇有使色素溶解并彼此分离的特性

D. 各种色素在滤纸上随层析液扩散的速度不同

2. 紫薯变色实验

实验原理　花青素的颜色会随着身处环境的酸碱值变化而有所变化，从酸性环境的红色到紫色，再到碱性环境下的蓝色。

实验材料　紫薯、研磨机、纱布、烧杯、移液管、水、小苏打、白醋。

实验步骤

①将紫薯用研磨机磨碎，用水溶解；

②用纱布过滤紫薯液，取过滤液倒入烧杯中；

③用移液管分别取少量倒入三支小试管；

④分别向试管中加入小苏打饱和溶液和白醋，另一个作为对照；

⑤观察颜色的变化。

探究思考

①大自然中的瓜果颜色会变化吗?
②大自然中不同颜色的瓜果对植物是否有影响?
③为什么加入小苏打和白醋颜色会变化?
④这种性质在生活中有什么用?

小结:你了解了吗?

植物色素
- 光合色素
  - 叶绿素(叶绿体中,见于绿叶)
  - 类胡萝卜素(叶绿体中,见于胡萝卜、番茄等)
- 其他色素
  - 花青素(液泡中,见于蓝莓、茄子、紫包菜、西瓜等)
  - 甜菜素(有色体中,见于甜菜、红苋菜、仙人掌、石竹等)

挑战问答

1. 叶绿体和叶绿素,是谁含有谁?(　　)(单选题)
   A. 叶绿体中含有叶绿素　　　　B. 叶绿素中含有叶绿体
2. 下列哪种色素适量摄入有助于预防视力衰弱?(　　)(多选题)
   A. 叶绿素　　　B. 胡萝卜素　　　C. 花青素　　　D. 叶黄素
3. 结合生活中的例子,比较花青素和甜菜素的物理性质和化学性质。
4. 连一连:下列植物的色彩主要归功于哪一种色素?

叶绿素

类胡萝卜素

花青素

甜菜素

13 神奇的树皮

坚韧的树皮，不仅紧紧保护着树干，还承担着营养运输的任务，哪怕风吹日晒使得皮开肉绽，也永不言弃。但我们对它们又了解多少呢？

课程目标

1. 了解植物茎的次生生长和树皮的组成；
2. 掌握树皮的常见经济价值；
3. 熟悉常见树木树皮的形态特征，学会看皮识树。

课程对象　初中生

课程内容

课前讨论

① 什么是树皮？它有什么样的结构？
② 不同树木的树皮各有什么特点？
③ 树皮有什么功能？
④ 树皮和人类生活有什么关系？

引导解说

1. 茎与树皮

植物的茎是支持植物和运输水分养料的器官,它的结构也和这些功能相适应。对于大多数树木,或者说木本植物来说,茎从中心到最外侧,可以分为髓、木质部、形成层、韧皮部、皮层、表皮(周皮)等几个部分。其中木质部可以起到支持和运输水分的作用,而韧皮部则可以将叶片合成的营养物质向下运输。

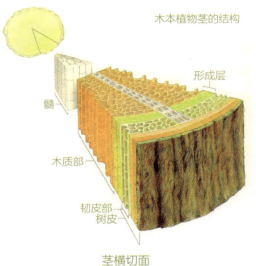

木本植物茎的结构

形成层
髓
木质部
韧皮部
树皮

茎横切面

树皮是树干外围的保护结构。树皮有不同的概念。广义的树皮指形成层以外的所有组织,包括韧皮部、皮层、周皮及外部的一切死组织,即木材采伐或加工生产时能从树干上剥下来的结构。而狭义的树皮指位于树干外侧、由已经死亡的细胞构成的结构,这一部分不包括韧皮部,仅指表皮及外部的各种死组织。

俗话说"人怕伤心,树怕剥皮",树为什么怕剥皮呢?因为在树皮里有一层叫作韧皮部的组织,韧皮部中竖直排列着一条条管道(即筛管),主要将叶片光合作用制造的养料运送到根部和其他器官中去,所以人们在剥取树皮时常常会保留韧皮部以让树木继续生长。

北美红杉的树干中间已经空心,但树干外围的韧皮部存在,能够继续输送养料,所以仍然生机勃勃。如果树皮被大面积剥掉,韧皮部受损,新的韧皮部来不及长出,树根就会因得不到有机养分而死亡,从而导致整棵树死亡。

2. 多样的树皮

每一种树的树皮都有着独特的花纹、质地和结构，因此有经验的人能够依据树皮的样子识别出植物的种类来。

垂柳　　乐昌含笑　　椤木石楠　　黄连木　　榉树

榔榆　　木瓜　　水杉　　假槟榔　　孝顺竹

悬铃木　　樱桃　　紫薇　　棕榈　　柚

3. 树皮和人类生活

提起树皮,大家首先想到的是火烧或碳用材料,其实很多植物的树皮还有着更多经济价值!

(1)地表覆盖

城市园林绿化中,常用松树、杉木的树皮碎片铺在树木种植池地表,不仅可以抑制扬尘,提高空气质量,而且可以减少水分蒸发,防止土壤板结,在保温、保湿的同时,还可以防止杂草生长,美化园林绿地。

(2)食用

常用作食物调味品的桂皮即为肉桂(*Cinnamomum cassia*)的树皮,嚼之常有先甜后辣之感,桂皮有温中补肾、散寒止痛等功能。多在秋季剥取,阴干。

松树树皮及应用

肉桂树皮

（3）药用

杜仲（*Eucommia ulmoides*）树皮为传统中药，在《神农本草经》中被列为上品。树皮中含有杜仲胶、糖苷、生物碱等成分，折断后有银白色细丝，为杜仲的标志性特征。此外，芍药、五加、厚朴等植物的树皮也是常见传统药物。

杜仲植株及叶片

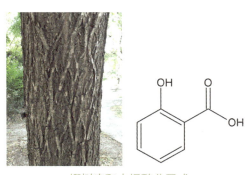

柳树皮和水杨酸分子式

柳树（*Salix* sp.）树皮含有天然的水杨苷，具有解热镇痛的功效，从远古起就被用来治疗疼痛、发热和痛风。1800年，人们最早从柳树树皮中提取水杨酸，故又名柳酸。目前化学合成的水杨酸类是一种常用的解热镇痛、抗痘消炎药。

金鸡纳树（别名奎宁树，*Cinchona ledgeriana*），原产于南美洲，印第安人最早用其树皮来退烧。目前，金鸡纳树皮和根皮为提制奎宁的主要原料，用于治疗疟疾，并有镇痛解热及局部麻醉、苦味健胃和强壮等功用。

楝（*Melia azedarach*）为我国广布种，其干燥树皮可用于治疗蛔虫病、蛲虫病，外治疥癣瘙痒等。

楝

（4）工业用

青檀（*Pteroceltis tatarinowii*）的茎皮和枝皮纤维是最早制造驰名中外的书画宣纸的优质原料。桑树、白桦（*Betula platyphylla*）、构树、楮树（俗名小构树，*Broussonetia kazinoki*）、白千层（*Melaleuca cajuputi* subsp. *cumingiana*）等植物的树皮可用于造纸。白桦树皮呈灰白色，由数层薄皮组成，易剥离，内皮橘黄色，不仅可供观赏，还可用于造纸。白千层别名脱皮树，树皮灰白色，呈薄层状剥落。

栓皮栎（*Quercus variabilis*）是一种落叶乔木，树皮轻而软，且富有弹性。树皮中的木栓层特别发达，在葡萄牙常用来制作软木塞以及用作高档的地板材料等。葡萄牙是最大的软木生产国，葡萄酒用软木塞封口，作家乔治·雅克曼1903年在《论现代葡萄酒工艺》中提到："挑一个好的软木塞，比挑选合适的酒瓶还重要。"软木塞的生产一般需要6个月到一年的时间。树皮采收为5～6月，剥下栓皮栎的木栓层，自然风干，再放到沸水里煮，进一步去除软木里所含的丹宁，还可以让木材变得柔软。接着干燥处理，经过消毒、遴选等工序制作不同尺寸的软木塞。软木是葡萄牙的重要出口商品。

橡胶树（*Hevea brasiliensis*）树皮中含有丰富的白色乳汁，割取后凝固，经加工即成为目前广泛应用的橡胶，具有很好的弹性、绝缘性、强伸性和较好的

白桦树皮

栓皮栎树皮

白千层树皮

橡胶树

波罗蜜

防水性、气密性等特点。波罗蜜（Artocarpus heterophyllus）等桑科榕属植物也有乳汁。

见血封喉（别名箭毒木，Antiaris toxicaria）生于热带常绿阔叶林中，其乳白色汁液中含有强心苷类成分，原住民常用其树汁涂在箭头上捕杀猎物。但是箭毒木灰色的树皮中，富含大量细长柔韧的纤维，我国云南南部、广东、海南等地的一些少数民族将其树皮在水中长时间浸泡和捶打后，去除毒性，并且将纤维提取出来，用以制作衣服、被褥等物件。

见血封喉植物树皮做成的衣服

 想一想　你还能发现哪些植物的树皮可以或正在被人利用呢？

探索实践

游戏名称 盲人摸象

游戏规则

1. 以3~5人的小组或家庭为单位。
2. 戴上眼罩后，在老师的带领下，经过一段非直线路程后，用嗅觉、触觉等仔细来"观察"一种植物，摸摸树皮、树叶等不同部位，描述你感觉到的植物特征，进一步判断植物的种类。
3. 带回原地后，解开眼罩，找出自己刚才触摸过的植物，仔细观察，并用文图记录下来。

"盲人摸象"

挑战问答

1. 树木在剥皮后很容易死亡，这是因为（　　）。
   A. 根部吸收的水分不能运往茎和叶
   B. 破坏了形成层
   C. 叶制造的有机物不能运往根部
   D. 呼吸作用受到抑制

2. 下列哪一种树皮中的木栓层柔软而有弹性，常用作软木塞？（　　）
   A. 橡胶树　　　B. 杜仲　　　C. 白千层　　　D. 栓皮栎

3. 在公园内找到这些图片所示的树，仔细观察之后，将树干图片与对应的植物名称连起来。

榉树　　　　榔榆　　　　水杉　　　　棕榈　　　　紫薇

果实俱乐部

果实的诞生，是为了孕育种子，是为了竭尽所能帮助种子的远行。

课程目标

1. 了解果实的发育来源和常见果实的基本类型；
2. 学会借助工具解剖观察果实。

课程对象　小学生/亲子家庭

课程内容

课前讨论

① 日常生活中有哪些常见水果？我们吃的是它的哪一部分？
② 果实具有什么样的结构？
③ 果实是怎么来的？有什么样的功能？

引导解说

我们的生活离不开果实。日常食用的水果（如桃子、柚子等）、干果（如杏仁）等是植物的果实，而大米、面粉、植物油等也是直接或间接来源于水稻、小麦、油菜等各类植物的果实。

对于被子植物而言，种子是由花朵中的胚珠发育而来的，种子外面的果皮由子房壁发育而来。但很多植物在花发育过程中，花托、花冠、花序轴等参与了果实的形成。

果实可以依照不同的标准被分成不同的类别，目前主要有三种分类方法。

朱缨花开裂的荚果

1. 根据果实成熟时果皮的性质，果实可分为**干果和肉果**。其中干果又可以根据开裂或不开裂分为裂果和闭果。

（1）主动的裂果

裂果和闭果的区别是种子成熟后，果皮是否主动开裂。裂果往下可细分为荚果、蒴果、角果、蓇葖果等类型。

朱缨花（*Calliandra haematocephala*）、马占相思（*Acacia mangium*）等豆科植物的果实是荚果，成熟时会主动开裂，释放种子。长萼堇菜（*Viola inconspicua*）的果实是蒴果，果实成熟后裂开，果瓣呈舟状，有厚而硬的龙骨，当薄的部分干燥而收缩时，则果瓣向外弯曲将种子弹射出去。荠菜的果实是短角果，而油菜的果实是长角果，成熟时都会主动开裂，释放种子。马利筋（*Asclepias curassavica*）的果实为蓇葖果，外形圆柱形，形如鹤嘴，成熟后沿腹缝线裂开，种子顶端生有一束银白色长绒毛。

长萼堇菜开裂的蒴果　　马利筋开裂的蓇葖果

（2）害羞的闭果

和裂果相对应的是闭果，即使果实成熟了也不开裂。常见种类有翅果、坚果、瘦果、分果等。鸡爪槭（*Acer palmatum*）、垂枝榆（*Ulmus pumila* 'Tenue'）的果实是一种翅果，果皮延展成为翅状，槭树科、龙脑香科植物的果实多如此。

鸡爪槭的翅果

垂枝榆的翅果

栗（*Castanea mollissima*）等具有典型的坚果。莲蓬是莲（*Nelumbo nucifera*）的果实，由多个小坚果一起着生于海绵状的花托中形成聚合坚果，可随水漂流而传播。

野燕麦（*Avena fatua*）属于具长芒的颖果，随着湿度变化，种子先端被芒顶入土中，由于表面倒钩刚毛的存在，随着芒的伸缩往土壤深处钻。

苍耳（*Xanthium strumarium*）、鬼针草（*Bidens pilosa*）等植物的果实为瘦果，果皮外面生有许多钩刺，常常粘附在动物的皮毛或人类的衣物上而被带走传播。

莲蓬和其中的坚果

（3）美味的肉果

与干果干燥的果皮不同，肉果的果皮肉质，较厚，味道甜美，营养丰富，成为吸引动物前来取食的主要诱惑。鸟类、哺乳动物和人类常常食用肉果，并帮助肉果植物传播种子。

不同动物食用不同的果实，植物和动物逐渐形成一种特定的合

余甘子　　　　　　杗果　　　　　　山楂

作方式，双方互惠互利。如果生态平衡遭遇破坏，多种植物种子传播都会受到影响。

肉果包括了浆果（如葡萄、西红柿、火龙果等）、核果［如桃、山核桃（*Carya cathayensis*）、杗果、余甘子（*Phyllanthus emblica*）等］、梨果［如苹果、山楂（*Crataegus pinnatifida*）等］、瓠果（如西瓜、葫芦等）、柑果（如柚子、橘子等）等。

2. 根据果实发育的来源，又有<u>单果、聚合果和聚花果</u>之分。

单果是指果实由单个雌蕊或多个心皮合生的雌蕊而来，桃、苹果、海棠等大多数果实属于单果。

聚合果是指果实由多个心皮离生的雌蕊发育而来，比如八角、牡丹、荷花玉兰（又名广玉兰，*Magnolia grandiflora*）的果实是一种聚合蓇葖果，果实成熟时会主动开裂，释放种子；而东方草莓（*Fragaria orientalis*）是聚合肉果，真正的果实十分细小，其食用的肉质部分主要由花托发育而来。

广玉兰的聚合蓇葖果　　东方草莓的聚合肉果

聚花果是指果实由整个花序发育而来，花序轴参与了果实的形成。比如桑（*Morus alba*）、凤梨、波罗蜜等植物的果实。

3. 根据果实发育的来源，可分为真果和假果。

真果是指只由子房发育而来的果实，比如桃、杏等果实。

假果是指果实发育过程中，除了子房外，还有其他部分（比如花被、花托或花序轴等）也参与了果实的形成，比如南瓜、冬瓜、苹果等花子房下位，发育时花托、花被筒与子房一起发育，形成肥厚肉质的外果皮和中果皮，成为果实食用的最主要部分。无花果、凤梨等所有聚花果也都是假果。

不是所有种子都有果皮包被的，因此有了裸子植物和被子植物之分。裸子植物的胚珠外面没有包被，所以发育成种子后是裸露的；被子植物的胚珠包在子房内，卵受精后，子房发育成果实，里面的胚珠发育成种子，所以种子也受到果实的包被。银杏（*Ginkgo biloba*）是裸子植物，所谓的银杏果其实为种子，不是果实，包在外面的是假种皮。

银杏的种子

桑的聚花果

最后，用一个示意图直观地总结果实的类型如下：

果实
- 单果
  - 肉果（浆果、核果、梨果、柑果、瓠果）
  - 干果
    - 闭果（瘦果、颖果、翅果、坚果）
    - 裂果（荚果、角果、蒴果、蓇葖果）
- 聚合果（聚合瘦果、聚合蓇葖果、聚合坚果、聚合核果）
- 聚花果

探索实践

1. 观察植物的果实,比如桃、莲、柑橘、西红柿、开心果、无花果、桑葚、龙眼、羊蹄甲、莲雾、菠萝、西瓜等等,观察种子的有无和位置,请用自己的办法把他们分分类,并想一想我们常食用的部分是果实的哪一个部位?

2. 下面分别为海棠、羽扇豆、酸浆、小构树、绿豆、白玉兰、桑葚、柚子、异叶榕的果实。一起来果实俱乐部,给他们分分组吧!

海棠　　　　羽扇豆　　　　酸浆　　　　小构树果实　　　　绿豆

白玉兰果实　　　桑葚　　　　柚子　　　　异叶榕果实

肉果:

干果:

聚合果:

聚花果:

3. 走,一起去郊外捡拾果果去!以华东地区为例。

　　春季可捡拾到海棠、北美枫香、南天竹、络石等果实;夏季可捡拾到樱桃、蜡梅、枫杨、蒲公英、枇杷等果实;秋季可捡拾到槭树、银杏、紫茉莉等果实；冬季可捡拾到南天竹、楝、柚子、乌桕、槭树、栾树、无患子等果实和种子。

快快行动起来，走到户外，一定有更多的惊喜等着你！

快到碗里来！

4. 你比划我来猜

游戏规则

一人用手势比划和用言语简单描述，但不可说出名称中任意一字，另一人或一组人回答水果名称，在规定的时间内以答对数来统计。

游戏形式

①采用图片形式，做成幻灯片，一人可见，其余人来猜。
②采用纸质卡片，仅给一人看见，其余人来猜。

# 探知路边野花

没有肥沃的土壤，没有被精心照料，路边的野花顽强而自立，年年花开花落，为荒芜的角落增添生命的气息。不管是否被关注，他们同样也有响亮的名字。

课程目标

1. 了解植物的基本特征，掌握身边常见草本植物的典型识别特征；
2. 对人工草坪和自然状态下的草本物种多样性有一定的认识；
3. 了解生态学调查中的样方调查法，学会比较、分析和归纳总结的科学思路。

课程对象　小学高年级学生/初中生

课程内容

① 我们身边都有哪些常见的野花？它们有什么特点？
② 为什么不同环境中的野花种类不同？

引导解说

春夏秋冬时，东西南北中，不同时节，不同地区，路边的花草会呈现不同的微小风景。此时的你，想不想出去探知路边的那些野花呢？

以上海的春季为例，以下植物在郊野比较常见。

1. 刺果毛茛（*Ranunculus muricatus*）：毛茛科毛茛属的一种常见野花，有5个反折的萼片和5个油亮的花瓣，像早餐涂在面包上的黄油一般油亮，因此植物又名黄油杯。

刺果毛茛

2. 泽漆（*Euphorbia helioscopia*）：大戟科大戟属常见杂草，别名五朵云，茎折断有白色乳汁，有毒，观察时需要注意。大戟属的花有个特别的结构，杯状聚伞花序（又名大戟花序），苞片像红酒杯一样，里面藏着花。

泽漆

3. 酢（cù）浆草（*Oxalis corniculata*）：很小，但适应能力很强，叶片由掌状的三片小叶构成，每片叶形似爱心，花黄色，也有5枚花瓣，萼片绿色5片，但不反折。花的雌雄蕊依照5+5+5排成三轮，组成高中低形态。酢浆草又叫酸三叶，摘枚叶片，擦拭干净，尝一尝，是不是酸酸的？另外，路边还常见一种红花酢浆草（*O. corymbosa*），花为红色。

酢浆草　　　红花酢浆草

4. 早熟禾（*Poa* sp.）：春季草坪常见禾草，叶色碧绿，叶片条形，叶脉为平行脉（这是单子叶植物与双子叶植物的典型区别），宽0.2~0.4厘米，3~5月抽穗开花，花为风媒传粉，花朵十分迷你，由外稃、内稃、浆片、雄蕊和雌蕊组成，花朵无柄，交互排成两列形成小穗，很多小穗再组成圆锥花序，代表了禾本科植物的典型特征。

早熟禾

5. 猪殃殃（*Galium spurium*）：叶片轮生，茎上有小刺。花非常小，生长于茎的顶端，白绿色，花瓣4枚。猪殃殃的茎顶端有时会膨大，这其实是虫瘿。一些虫子会利用植物作为它们的育儿房，植物在自然界也会遇到一些挑战。

6. 宝盖草（*Lamium amplexicaule*），唇形科植物，花瓣唇形，分上唇和下唇，2片叶片对生呈圆盘状，可供孩子们玩耍。

猪殃殃

宝盖草

7. 春飞蓬（*Erigeron philadelphicus*）：菊科植物管状花亚科，头状花序粉白色，外轮舌状花，中间管状花。茎没有乳汁。常形成大片群落。

春飞蓬

8. 黄鹌菜（*Youngia japonica*）：菊科植物，头状花序全部由舌状花组成，茎有乳汁，舌状花亚科植物基本都是这样。可以和春飞蓬一起进行比较观察。

黄鹌菜

10. 蒲公英（*Taraxacum mongolicum*）：菊科多年生草本，叶片卵状披针形，羽状深裂，头状花序全为舌状花，果实为瘦果，顶生白色冠毛，形成一团白色的绒球，成熟后随风而起，种子在冠毛的带动下向远处飘散。春季后期常可见花果同在。

9. 阿拉伯婆婆纳（*Veronica persica*）：又叫波斯婆婆纳，玄参科婆婆纳属，果实像爱心一样特别，花瓣4枚，淡蓝色，雄蕊2枚。

阿拉伯婆婆纳

蒲公英

探索实践

1. **活动材料**：卷尺5个，插杆4根，收集盒10个，塑料绳、记录纸、画板、笔、放大镜、铲子、画画用夹板、A4纸、铅笔、彩笔。
2. **活动保障**：老师1名，辅助人员1名，以及学校带队老师2名。
3. **活动流程**：

    （1）活动分组：分组，每3人一组；

    （2）讲解活动流程，发放材料；

    （3）学生在给定区域（人工整齐划一的草坪和半自然状态下少人为干预的草地）中测量一处1米×1米的正方形样地，四角插插杆，并用绳围出样地；

    （4）观察样地中的植物多样性、植物掉落物、昆虫/蠕虫等，在记录纸上记录名称和数量，物种鉴定可借助识花软件或指导老师协助完成；

一平方米样地生物调查记录表

序号	名称	类别	数量	典型特征
1				
2				
3				
4				
5				
6				

（5）每人找几种自己感兴趣的野花做自然笔记，并选择2~5个代表性标本放入收集盒中；

（6）分享自己的作品，并分析、讨论这些因素间的相互关系，并由组内一人进行阐述，其他人补充，并记录讨论结果要点。

我的观花笔记

总结反馈

1. 分享反馈课程中的感受和想法。
2. 挑选活动地点周边的10种草花进行识别竞赛，看谁认识得最多。

# 生态位之战

自然界的任何一处都是没有硝烟的战场，蓬勃生长的生机背后是植物们的生态位之战。为了获得更充足的阳光和水分，植物们坚持不懈，在激烈的竞争中努力争取着自己的一席之地。

 课程目标

1. 了解自然环境中的植物生存智慧，通过五感亲身体验不一样的自然世界；
2. 锻炼孩子的分析总结能力、口头表达能力以及亲子家庭的协作能力；
3. 遵守"无痕山林"原则，减少对周边自然环境的影响。

 课程对象 小学高年级学生/亲子家庭

 课程内容

课前游戏

游戏名称： 寻人启事
游戏目标： 通过互动游戏，尝试从复杂事务中迅速抓住重点。
游戏内容： 请在2分钟内，用不超过25个字在一张便笺纸上写一则寻人启事，将自己最典型的识别特征写上去，写完后混放在一起，然后每组家庭从中抽一张寻人启事，根据便笺纸上的提示内容找到这个人，时长控制在2分钟。

引导解说

走进自然林地，能深刻感受到没有硝烟的战场，不同类型的植物们在进行着激烈的生存竞争，相互竞争却错位发展，形成和谐的美好局面。从不一样的视角，系统了解植物的生存智慧。

1. 草花识别

选一块较为野生的林地，了解植物生长形态多样性，区分草本和木本、灌木和乔木、地生和附生。以深圳为例，可见到如下植物。

叶下珠
（直立草本）

南美蟛蜞菊（匍匐草本）

- 草本植物：其茎质地相对较柔软，为草质茎，不具有形成层，不能无限增粗，如马齿苋（*Portulaca oleracea*）、叶下珠（*Phyllanthus urinaria*）、黄鹌菜（*Youngia japonica*）等，南美蟛蜞菊（*Sphagneticola trilobata*）也很常见，又叫三裂叶蟛蜞菊，为外来入侵种，头状花序，中间管状花，边缘舌状花，舌片2~3裂。草本植物也有直立和匍匐、一年生和多年生之分，注意观察，看看能否区分开来。

- 藤本植物：茎细长不能直立生长，必须依附于他物向上生长，如合果芋（*Syngonium podophyllum*）借助气生根吸附在树干上；火焰兰（*Renanthera coccinea*）等依靠气生根吸附向上生长；鸡矢藤（*Paederia foetida*），叶对生，茎左旋缠绕，叶揉碎有臭味；葡萄科、葫芦科的茎卷须，旋花科的茎旋转上升等。

- 附生植物：如巢蕨（*Asplenium nidus*）、一些附生兰花等附生在乔木树干上，这类植物与寄生植物有着本质区别，不会掠夺所附着植物的营养和水分，对附着植物造成伤害，而是利用气生根等直接吸收空气中的水分和矿物质。附生植物除了树附生，还有石上附生。

● 直立灌木：这类植物扎根在土里，茎质地较硬，为木质茎，可无限增粗。常见灌木如九里香（*Murraya exotica*）、红背桂（*Excoecaria cochinchinensis*）、栀子（*Gardenia jasminoides*）等。

● 乔木：如假槟榔（*Archontophoenix alexandrae*），具有单一直立茎；菩提树（*Ficus religiosa*），茎有分枝，叶具滴水叶尖；南洋楹（*Falcataria moluccana*）、榕树（*Ficus microcarpa*），气生根明显，从树枝上垂下来，还常形成支柱根；木棉（*Bombax ceiba*），茎干上有圆锥状的粗刺。

探索过程中可以通过实地植物案例进行感性区分：孢子植物（不开花结果，以孢子繁殖，包括苔藓植物、石松类和蕨类植物）和种子植物（开花结果，包括裸子植物和被子植物）。

合果芋（气生根）

薇甘菊（缠绕）

栀子（灌木）

棕榈（乔木）

尖叶匐灯藓

假槟榔

2. 小组讨论

每种植物都有无限扩大自己地盘的趋势，以最大限度地获取植物生长所需的光照、水分、营养和空间，但在自然资源有限的情况，如何获得自己的一席之地？可以引导学生模拟搭建一个心目中完美的自然丛林，并引出下面的几个概念。

3. 叶镶嵌现象

叶在茎上的排列，无论是互生、对生，还是轮生，相邻两节的叶总是不重叠而成镶嵌态，主要是由于叶柄的长短、扭曲和叶片的各种排列角度达到互不遮蔽。

4. 竞争排斥原理与生态位概念

生态位（ecological niche）是指一个种群在生态系统中，在时间、空间上所占据的位置，及其与相关种群之间的功能关系与作用。一个稳定的群落中各个物种具有互不重叠的生态位，以避免直接竞争。占据了相同生态位的两个物种，其中一个终究要灭亡。

探索实践

1. **讲故事（5分钟）**：每种植物都有自己的故事，在探索过程中选取一种植物，讲解植物名字的来源和相关的人文故事。

    讲解蔓性草本杠板归（*Polygonum perfoliatum*）的名字来源，同时细心观察，鼓励动手触摸体验，杠板归叶片的下表面叶脉和叶柄都有倒生钩刺，甚至连蛇见到了都害怕受伤，因此农民称之为"蛇倒退"。具有清热解毒、利水消肿、止咳之功效，用于咽喉肿痛、肺热咳嗽、蛇虫咬伤等治疗。

    杠板归为一年生攀援性草本，植株形态十分特殊，常令人过目不忘。其茎细长，具纵棱，具倒生皮刺；叶柄也具倒生皮刺，盾状着生在叶片基部，叶为三角形,叶片和叶柄近等长;总状花序,苞片卵圆形,花被片深蓝色,结果时宿存,包裹着里面的球果。杠板归分布十分广泛,花果期在6~10月,常成为暑期郊外自然探索的兴趣点。

杠板归

2. **自主观察(10分钟)**:以家庭为单位,挑战完成自然探索任务。

活动任务单

小组成员　　　　　　观察日期

1. 仔细观察陆生植物不同的生长形态,完成下列自然观察任务,要求每一种生长形态都有代表种类。

序号	植物名称	生长形态
1		乔木○灌木○藤本(缠绕○吸附○卷须○蔓生○)草本○
2		乔木○灌木○藤本(缠绕○吸附○卷须○蔓生○)草本○
3		乔木○灌木○藤本(缠绕○吸附○卷须○蔓生○)草本○
4		乔木○灌木○藤本(缠绕○吸附○卷须○蔓生○)草本○
5		乔木○灌木○藤本(缠绕○吸附○卷须○蔓生○)草本○
6		乔木○灌木○藤本(缠绕○吸附○卷须○蔓生○)草本○
7		乔木○灌木○藤本(缠绕○吸附○卷须○蔓生○)草本○
8		乔木○灌木○藤本(缠绕○吸附○卷须○蔓生○)草本○

2. 兰谷中的树干上生长了许多兰花和蕨类，它们与乔木形成哪一种关系？（　　）

  A. 寄生　　　　B. 共生　　　　C. 附生　　　　D. 腐生

3. 请将下列植物与其对应的名称及生长形态用线连起来。

鸡矢藤　　　火焰兰　　　虎尾兰　　　菩提树　　　纤梗叶下珠

乔木　　　藤本（根吸附）　　　藤本（茎缠绕）　　　直立草本

4. 小组讨论：如何区分草本和木本、灌木和乔木、地生和附生植物？请举例说明。

3. **问答游戏（20分钟）**：每4组家庭为一小组，以小组为单位互相出题，即第一小组给第二小组出题，第二小组给第三小组出题……第五小组给第一小组出题，共同加深对课程内容的认知；

4. **总结反馈（20分钟）**：小组分享成果。

17 植物的滋味

人类靠五感认识世界，味觉替我们征战八方。植物天然有味道，而且不是一种味道，而像人生一样，酸甜苦辣，一样不差。

课程目标

1. 尝试用味觉体验不同食物的滋味；
2. 初步了解人类能感受到的几类味觉及其背后的知识；
3. 进一步感悟自然世界的多样性和可贵性。

课程对象 小学高年级学生/亲子家庭

课程内容

课前讨论

① 你都吃过什么样的蔬菜水果？是什么味道的？
② 植物是如何产生这些味道的？
③ 植物为什么要产生这些味道？

引导解说

点评尝到的水果蔬菜，引出"植物的滋味"话题。

1. 味觉是什么？

人类的味觉是由食物中的化学物质刺激舌头表面的受体而形成的感觉。

2. 人类常感受哪几种味觉？

味觉感受器即味蕾，主要分布在舌体乳头上。舌头的不同部位上的味蕾，对味觉的感受程度不同。对于味觉的划分有不同的标准。我们常说的"五味"是指酸、甜、苦、辣、咸，这更符合人们的一般感觉。但准确说来，辣并不是一种味觉，而是直接刺激我们口腔黏膜或皮肤产生的痛觉。从科学上说，可以依靠感觉味道的感受器将味觉分为酸、甜、苦、咸、鲜、脂肪味等六种。此外"金属味"有可能成为第七种味道。

（1）甜

糖的分类和来源：糖能够分为单糖、双糖和多糖。单糖来源有葡萄糖、果糖等；天然双糖来源为蔗糖、蜂蜜、麦芽糖、浓缩天然果汁等；多糖包括淀粉、纤维素等。淀粉等多糖是一类不甜的糖，只有在淀粉酶的作用

玉米芯 → 木糖醇

甜叶菊 → 甜菊苷

下才能降解成能感知的甜味单糖或双糖。

甜味剂替代品：甜度高、能量低、使用方便（水溶性好、加工稳定性好）。

之所以能感受到甜味，是因为食物中有糖类存在，正是因为这些糖类的食用，为生物体提供最直接的能量来源，但过多摄入糖会使血糖上升，诱发糖尿病，还可部分转化为脂肪，导致肥胖，对人体健康产生不良影响，所以要控制糖的摄入。

（2）酸

酸味主要由有机酸引起。有机酸（如柠檬酸、苹果酸、琥珀酸等）主要存在于植物细胞的液泡内，人们食用时破坏了液泡，便感觉到了酸味。

有趣的是，植物体内有机酸的游离或结合态能够影响植物的酸味程度。食用不同成熟度的番茄果实能感觉到不同的酸甜味，一般说来，生吃成熟的番茄会感觉到甜味，加热煮熟后的番茄会变酸，那是因为加热让更多的有机酸游离了出来。

生番茄甜

维生素C是人们相当熟悉的营养增补剂，又名抗坏血酸，味道也是酸的。维生素C缺乏会引起坏血病，导致人体极度疲劳并且牙龈容易出血。早期在远航海员中尤为严重，故被称为"水手的恐惧"，后来发现食用新鲜蔬菜、柑橘及柠檬等可以治疗和预防，原来这些蔬果中含有较丰富的维生素C，可有效治疗坏血病。所以，人们在日常饮食中需要多食新鲜蔬果，均衡营养尤为重要。

加热煮熟后的番茄酸

（3）苦

试着品尝一下周边的食品，如苦瓜、黄瓜瓜蒂等，他们的味道是苦的吗？中国的西瓜产量位居全世界第一，最早来源于非洲的野生西瓜，也是苦味的。这种苦味主要来自葫芦（苦）素，这种葫芦素多见于葫芦科植物，味苦，原本是植物抵抗病虫害的化学武器，现在已开发成为一种药物，能阻止肝细胞癌变，消退黄疸，解毒清热等。黄瓜在逆境下生长时会影响其基因的表达，果实产生苦味的葫芦素。未成熟的苦瓜苦是因为含有苦瓜素，而苦瓜成熟后，不仅苦瓜素含量下降，并且累积糖分，口感变甜，并且颜色变得鲜艳诱人。

葫芦素是一种生物碱，生物碱是指存在于自然界中的一类含氮碱性有机化合物，全世界有约上万种，大多数成为中草药的重要成分，但少数种类对人体具有毒理作用，如马铃薯发芽或变绿后产生的龙葵素易引起人体中毒，来自烟草等茄属植物的尼古丁（俗名烟碱）会使人上瘾，大量使用会引起恶心呕吐，因此，健康饮食极为重要。

自然条件下，很多植物果实在成熟过程中会由苦变甜，这其实是植物种子散播的一种策略，果实未成熟时很苦，可以防止病虫害或动物取食，成熟后色泽变红、变黄，味道变甜，其实是为了引诱动物取食，然后通过粪便将种子散播出去。

葫芦（苦）素

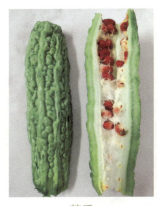

苦瓜

（4）辣（实质上是一种痛觉）

你喜欢辣吗？做一个简单的调查，看看多少人喜欢食辣味的食品？并与出生地结合起来简单分析各地的饮食俗习惯。

辣并不仅仅来源于辣椒，引导大家讲述更多辣味的来源植物食品，如洋葱、花椒、胡椒、芥末等。

美洲是地球上最早种植辣椒和食用辣椒的地方。公元1492年，哥伦布在西班牙王室的资助下横渡大西洋，抵达了他当时所认为的"印度"——其实是美洲新大陆。当哥伦布第一次看到辣椒的时候，他错误地认为是胡椒（Pepper），还在日记里兴奋地写道："这里有一种红色的胡椒，产量很大，每年所产可装满五十艘商船，这里的人不管吃什么都要放它，否则便吃不下去，据说它还有益于健康……"

辣椒

我国最早出现的"椒"其实是指花椒（*Zanthoxylum bungeanum*），在新大陆发现后，辣椒传入我国，此后才逐渐转称辣椒。中国是世界上辣椒种植面积最大的国家，也是食用人数最多的国家。辣椒中含有的辣味物质是辣椒素。我们通常用"hot"来形容辣椒，因为辣椒只有接触到43℃以上的食物或被酸覆盖的时候才会被激活，受体被激活后传递一种灼热感，让大脑产生一种机体受伤的错误概念，指挥释放人体自身的止痛物质——内啡肽，结果人会有一种愉快的感觉，越吃越爽，越吃越想吃，甚至无辣不欢。

我们常常用"微辣""中辣"和"超辣"来形容辣的程度，可如何科学地评判辣度呢？1912年，美国化学家韦伯·史高维尔（Wilbur L. Scoville）第一次制定了辣椒辣度的指标——史高维尔辣度（Scoville Heat Unit，SHU），用糖水稀释辣椒提取物，然后请人品尝，如果稀释到1000倍后终于尝不到辣味，那么该辣椒的辣度就是1000 SHU。尽管这个实验方法受人的主观影响较大，但由于该指标应用已久，后来用"高效液相色谱"方法得到的测量值也转换为用SHU来表示辣椒素含量。

一般我们食用的辣椒辣度为几百到几千史高维尔，但有很多超级辣的辣椒先后被培育出来，比如印度鬼椒（又称断魂椒）在2007年被评为世界上最辣的辣椒，辣度为104万SHU；从黄灯笼辣椒家族培育而来的'卡罗莱纳死神'辣椒的辣度甚至达156万SHU，2013年被认为是吉尼斯世界纪录中最辣的辣椒，那味道不但能灼烧人的舌头和喉咙，甚至辣到疼，让人久久不能忘怀。

印度鬼椒

辣椒素主要由辣椒的胎座分泌，然后通过胎座和果皮之间的维管束传递到整个辣椒上，所以同一个辣椒的不同部位辣椒素的含量是有差异的。辣椒最辣的部分就是胎座和那些"白筋"，如果不想被辣哭，可选择避开这些部位。

"卡罗莱纳死神"辣椒

实验显示，蔗糖对减缓辣度有所帮助，所以一边吃辣味小吃，一边喝点甜的饮料是一个不错的选择。不过，食用油对减缓辣感的作用更加显著，原因是辣椒素更容易溶解在脂肪里，从而减少其对口腔黏膜的刺激，这也是为什么吃重庆火锅的时候要配一碟香油了。另外，蛋白质也对降低辣椒素带来的灼烧感有好处，所以，如果你被辣到了，与其喝杯冰水，不如喝上一杯牛奶。

鸟儿为什么不怕辣？

辣椒产生辣椒素可能是为了防止果实被哺乳动物吃掉，哺乳动物具有辣椒素受体，因此哺乳动物不吃辣椒，有利于辣椒种子的传播。由于鸟类缺乏辣椒素受体，因此不能感觉到辣味，可以取食辣椒果实，而且鸟类没有牙齿，不会磨碎种子，辣椒种子随鸟粪便排出，可以有效传播种子。

（5）咸

咸味主要由钠离子产生。生活中最常能尝到的咸味来自氯化钠，也就是食盐。对于绝大多数植物来说，细胞内的钠离子含量并不高，因此大多数植物是无法尝出咸味的。但是少数情况下，一些植物可以富集钠离子，从而产生咸味。非洲冰草（*Mesembryanthemum crystallinum*）就是其中之一，它正式的名字叫"冰叶日中花"，是一种原产非洲的盐生植物，茎和叶片上有大量晶莹剔透的泡状腺体。冰草可以直接凉拌食用，有淡淡的咸味。

非洲冰草

非洲冰草其实是一种泌盐植物，这类植物生活在含盐量较高的土壤中，植株吸收了大量的盐分，盐却不积存在体内，而是通过叶子表面的腺体富集盐分，从而将多余的盐排出体外，防止盐分过多聚积造成危害。除了非洲冰草，还有柽柳属、红树科等一些植物也可以将体内的盐分分泌到体外。

3. 知识拓展：两种能改变味觉的植物

神秘果

（1）神秘果（*Synsepalum dulcificum*）是世界上最为神奇的植物之一，1961年，周恩来总理从西非加纳带回，开始在国内种植。神秘果的果实如花生米般大小，可以使人的味觉由酸变甜。吃完神秘果之后，大约一个小时之内，吃任何酸的东西都会觉得很甜，越酸的东西就会感觉越甜。

（2）匙羹藤（*Gymnema sylvestre*）在印度语里被称为Gurmar，字面意思是"糖的破坏者"（sugar destroyer），印度民间用来治疗糖尿病和促进消化。匙羹藤植物在我国华南地区的山林中较为常见，匙羹藤中含有匙羹藤酸，能够抑制甜味反应，人在吃过匙羹藤叶子之后，短时间内尝不出甜味。中科院西双版纳植物园的工作人员亲身尝试发现，宽叶匙羹藤（*Gymnema latifolium*）抑制味觉的效果更明显。

匙羹藤

小结： 植物为人类提供了多种多样的食物及其滋味，让生活变得更加丰富多彩。

探索实践

1. **味觉体验**

   桌上摆放不同滋味的当季水果，让参与者品尝体验，然后说出其中的味道。

2. **自然寻味**

   （1）以小组为单位，在自然中寻找植物的果实，在确保安全的前提下试着品尝果实的滋味。

   （2）尝试将已知的口味混合，再次品尝其中滋味。

   （3）游戏体验：蒙上眼睛，品尝食物后，猜一猜自己所尝的食物是什么。

总结反馈

1. 小组讨论，分享自己的所得。
2. 老师最后总结本课程所学的基本知识。

挑战问答

1. 木糖醇是一种从玉米芯、甘蔗渣中提取出来的天然甜味剂，极易溶于水，食用时口感清凉，且不致龋齿，但多食易使血糖升高，是糖尿病患者的禁忌，对吗？（　　）

    A. 对　　　　B. 错

2. 成熟的番茄生吃是甜的，但加热煮熟后味道会变酸，是因为加热让细胞中的有机酸释放游离出来了。（　　）

    A. 对　　　　B. 错

3. 辣味其实是一种痛觉，如果你被辣到了，下列哪一种东西能助你尽快解辣？（　　）

    A. 冰水　　　B. 可乐　　　　C. 生抽　　　　D. 牛奶

4. 下列食物你品尝过吗？请将食物和对应的滋味连一连线。

黄瓜蒂　芥末　洋葱　馒头　冰草　红苹果　青苹果　柠檬

酸　　　　甜　　　　苦　　　　辣　　　　咸

5. 讨论：为什么哺乳动物怕辣而鸟类不怕辣？为什么苦瓜、苹果成熟后会变黄或变红？在自然界中有何意义？

18 幽谷兰精灵

"芝兰生于幽谷,不以无人而不芳"。"君子如兰,修道立德"。兰,位于植物进化树的顶端,丰富多样,传递着生存智慧。

 课程目标

1. 学会用比较观察的方法掌握兰花的典型形态特征;
2. 了解兰科植物的生境、多样性及其进化位置;
3. 提高对兰科植物的保护意识。

 课程对象　小学高年级以上人群

 课程内容

课前讨论

1. 从花朵形态判断,下列哪一种花不属于兰花?

A

B

C

D

2. 兰花区别于其他有花植物的典型特征有哪些？

引导解说

1. 兰花区别于其他花朵的典型特征

花两性，两侧对称。内轮中央1枚特化为唇瓣；雄蕊数目减少并和花柱合生成合蕊柱；子房下位；柱头常具喙状小突起的蕊喙；花粉结合成花粉块。花部的所有特征表现出了对昆虫传粉的高度适应。

2. 兰科植物多样性

全世界约有800属2.75万种兰科植物，约占世界被子植物的1/10。中国兰科植物约有190属1600余种，是世界兰科植物的分布中心之一。2/3的兰科植物分布在热带地区。兰科植物中最大的属为石豆兰属（*Bulbophyllum*），树兰属（*Epidendrum*）和石斛属（*Dendrobium*）次之。

目前最常见的观赏洋兰主要为蝴蝶兰属（*Phalaenopsis*）、卡特兰属（*Cattleya*）、石斛属、兜兰属（*Paphiopedilum*）、万代兰属（*Vanda*）、文心兰属（*Oncidium*）等六大类群，一般有花朵多而大、色彩艳丽、开花时间长等优点，颇受市场欢迎。国兰以观叶为主，主要包括兰属的部分种类，如春兰（*Cymbidium goeringii*）、建兰（*C. ensifolium*）、墨兰（*C. sinense*）等大量观赏品种常见于市场。

世界上最高大的兰花为老虎兰（又称地巨兰、甘蔗兰，*Grammatophyllum speciosum*），个体可达7.6米高，假鳞茎可长达2.5米，每2~4年开花一次，每次花期可达2个月，总状花序能长到3米，上面开放80朵花，每朵花直径达10厘米宽。

2018年植物学家在危地马拉发现一种丽斑兰（*Lepanthes oscarrodrigoi*），

蝴蝶兰品种

卡特兰品种

石斛品种

硬叶兜兰

文心兰

万代兰

老虎兰

蟹爪兰

茎长3mm，叶片近圆形，花序仅长4mm，花朵直径不到1mm。这种兰花长在海拔1100米的树枝上，十分微小，且被苔藓植物覆盖，很难被发现，是迄今为止发现的世界上最小的兰花。

此外，在许多观赏植物的名字中也有带"兰"字的，甚至有的外形也像兰，但是它们却不是兰科植物，如吊兰（*Chlorophytum comosum*）、文殊兰（*Crinum asiaticum* var. *sinicum*）、香雪兰（*Freesia refracta*）、君子兰（*Clivia miniata*）、紫罗兰（*Matthiola incana*）、铃兰（*Convallaria majalis*）、玉兰（*Yulania denudata*）、蟹爪兰（*Schlumbergera truncata*）、百岁兰（*Welwitschia mirabilis*）等。

3. 兰花的生活方式

地生：一般具有须根、根状茎、块茎，如建兰。

附生：具有肥厚根被层的气生根，生于热带雨林中，如球花石斛（*D. thyrsiflorum*）。

腐生：与真菌共生，如天麻（*Gastrodia elata*）。

鸽子兰

猴面小龙兰

4. 趣味兰花

兰花的形状各种各样，具有各种各样的传粉策略，许多兰花形态特殊，十分有趣。如：

● 鸽子兰（*Peristeria elata*），花形碗状，蕊柱与唇瓣合起来像一只正在飞翔的白鸽，由此得名鸽子兰。鸽子兰为巴拿马的国花，希望它是上帝派来的和平信使，代表纯洁而不受污染。

● 猴面小龙兰（*Dracula simia*），"Dracula"意为"小龙"，代表这种兰花的两根长刺和两个长萼片。"Simia"则代表这种兰花的一个更引人注目的怪异特征，即猴脸。这种兰花能够在任何季节开花，所散发出的气味与成熟的橘子类似。

建兰

球花石斛

天麻

- 章鱼兰（*Prosthechea cochleata*），翼瓣和萼片呈线形，黄绿色，稍扭曲自然下垂，因形如海贼王中海王类的小章鱼而得名，被定为伯利兹的国花。
- 天鹅兰（*Cycnodes* 'Taiwan Gold'），朵朵兰花犹如戏水的天鹅般成群结队地展示着美姿。

章鱼兰

天鹅兰

5. 兰花文化和生活

兰花是大自然的杰作，素有"君子之花""空谷佳人"的雅喻。兰文化源远流长，具有深厚的文化积淀，历代仁人志士以兰喻志、以兰抒情、以兰赋墨，在赏兰品兰的过程中悟出了一种融华夏的道德修养、人文哲理之妙谛，因而，兰有"国香""人格之花""民族之花"的美称。

很多国家以兰花作为国花，除了鸽子兰外，还有白花蝴蝶兰（*Phalaenopsis amabilis*）（印度尼西亚）、卓锦万代兰（*Vanda* 'Miss Joaquim'）（新加坡）、崔氏卡特兰（*Cattleya trianae*）（哥伦比亚）、卡特兰（*Cattleya labiata*）（巴西）、莫氏卡特兰（*Cattleya mossiae*）（委内瑞拉）、白花捧心兰（*Lycaste skin-*

香荚兰　　　　　　　　　石斛　　　　　　　　铁皮石斛

neri var. *alba*）（危地马拉）、葛丽雅兰（*Guarianthe skinneri*）（哥斯达黎加）、喙蕾丽雅兰（*Rhyncholaelia digbyana*）（洪都拉斯）等。

兰花与人们的生活息息相关，除了观赏之外，香荚兰（*Vanilla* sp.）的果荚可提取香料，用于香草冰淇淋；铁皮石斛（*Dendrobium officinale*）、石斛（又叫金钗石斛，*D. nobile*）等植物的茎具有重要的药用价值。

6. 兰花保护

由于兰花的经济价值的开发，野生兰科植物数量急剧下降，濒临灭绝，《濒危野生动植物种国际贸易公约》（The Convention on International Trade in Endangered Species of Wild Fauna and Flora，CITES）将所有的野生兰科植物收录到附录中，严格禁止或控制国际贸易。

挑战问答

1. 下列哪一种兰花为藤本？（　　）
   A. 重唇石斛　　　B. 香荚兰　　　C. 亨利兜兰　　　D. 万代兰

2. 下列哪一种是真正的兰科植物？（　　）（可多选）
   A. 羊耳蒜　　　B. 红花文殊兰　　　C. 鼓槌石斛　　　D. 球兰
   E. 吊兰　　　F. 白玉兰　　　G. 蟹爪兰　　　H. 鹤望兰
   J. 天麻　　　K. 君子兰　　　L. 紫罗兰　　　K. 虎尾兰

3. 下列哪一类兰花属于中国传统文化意义上的国兰？（　　）
   A. 石斛　　　B. 文心兰　　　C. 蝴蝶兰　　　D. 寒兰

4. 火焰兰的生活形态是下列哪一种？（　　）
   A. 水生　　　B. 附生　　　C. 寄生　　　D. 地生

5. 天麻生长过程中需要哪一种真菌为它的块茎提供营养？（　　）
   A. 丛枝菌　　　B. 酵母菌　　　C. 蜜环菌　　　D. 青霉菌

6. 选一朵你最喜爱的兰花，区分出中萼片、侧萼片、花瓣、唇瓣和合蕊柱，并用自然笔记记录下来吧。

19 奇妙的植物微观

在肉眼看似平平无奇的地方，隐藏着另一个神奇的世界。打开微观世界的大门，你会发现无与伦比的美！

 课程目标

1. 了解显微镜的基本构造，学会规范使用显微镜；
2. 学会选取材料制作临时装片，进行显微观察；
3. 了解生物科学绘图的基本方法；
4. 培养科学观察态度、动手操作能力和实验分析总结能力。

（根据不同年龄的人群选择不同的探究实验，完成课程目标。）

课程对象 初中生/高中生

 课程内容

互动问答

1. 你了解肉眼、光学显微镜、电子显微镜的分辨率吗？

人眼的最小分辨率约为0.2毫米；光学显微镜的最小分辨率约为0.2微米；电子显微镜的最小分辨率约为0.2纳米。

光学显微镜

2. 普通光学显微镜由哪些基本构造组成？

普通光学显微镜由底座、光源、粗调焦器、细调焦器、载物台、物镜、电源、镜臂、目镜等基本构造组成。

普通光学显微镜使用的基本步骤：

（1）取镜和安放：右手握住镜臂，左手托住底座，放在实验台距边沿7厘米处，安装好物镜和目镜；

（2）对光：转动转换器，使低倍物镜和较大的光圈对准通光孔；

（3）将装片放在载物台上，用压片夹压住，移动载物台使标本正对通光孔；

（4）眼睛看着物镜，转动粗准焦螺旋（粗调手轮），使镜筒缓缓下降至接近标本为止；

（5）左眼看目镜，同时调节粗准焦螺旋，使镜筒缓缓上升，直到看清楚物镜为止，再略微转动微调手轮，使看到的视野更加清晰；

（6）左右或前后移动玻片标本，仔细观察。

3. 如何制作临时装片？

所需仪器：盖玻片、载玻片、滴水瓶、镊子、刀片、吸水纸、纱布。

基本步骤如下：

（1）用洁净的纱布把载玻片和盖玻片擦拭干净；

（2）把载玻片放在实验台上，用滴管在载玻片中央滴一滴清水；

（3）用镊子取材料，放入载玻片的水滴中，用镊子展平；

（4）用镊子夹起盖玻片，使它的一边先接触载玻片的水滴，然后缓缓放下，以免产生气泡；

（5）用吸水纸吸掉多余的水分，放在显微镜下观察即可。

4. 生物绘图的基本要求和要领是什么？边讲解边示范操作。

（1）绘图内容要真实、科学，结构准确，比例协调；

（2）绘图偏左，注图在右，平行线条，不得交叉；

（3）线条匀称、光滑，点点衬阴；

（4）注明绘图名称及放大倍数。

探究实验1

微观洋葱表皮细胞

实验目的 了解植物表皮细胞的基本结构,学会熟练操作普通光学显微镜。

实验材料 显微镜、洋葱、盖玻片、载玻片、滴水瓶、镊子、刀片、碘液、吸水纸、纱布、铅笔、橡皮擦、绘图纸、铅笔刀、直尺。

实验步骤

1. 掌握显微镜的基本结构,并熟练操作光学显微镜;
2. 用刀片在洋葱鳞片叶内侧划"井"字,用镊子撕取一小块内表皮,放入滴有水滴的载玻片上,制作临时装片;
3. 把一滴碘液滴在盖玻片的一侧,用吸水纸从盖玻片的另一侧吸引,使染液浸润标本的全部,注意染色前后的视野变化;
4. 放在显微镜下观察(注意:先放在低倍镜下观察,再逐步调到高倍镜下);
5. 生物绘图,完成实验报告:标注细胞、细胞壁、细胞质、细胞核。

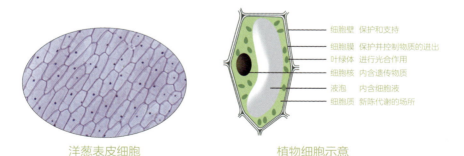

洋葱表皮细胞　　　　　植物细胞示意

实验拓展 试着取其他植物材料的表皮进行观察。

探究实验2

微观马铃薯淀粉粒

淀粉粒是细胞代谢产物或后含物的一种，淀粉粒的形状有卵形、球形、不规则形，直径为1~175微米，不同种类的淀粉粒形态不同。马铃薯淀粉颗粒较大，多呈圆形或椭圆形，显微镜下常见的淀粉粒有单粒（一个脐点，外面无数同心圆环）、复粒（具两个以上的脐点，各脐点有自身的轮纹）、半复粒（具两个以上的脐点，各脐点除有自身的轮纹外，还有共同的轮纹）等几种类型的。

实验目的　了解植物细胞后含物中的淀粉形态，学会熟练操作普通光学显微镜。

实验材料　显微镜、盖玻片、载玻片、滴瓶、滤纸、新鲜的马铃薯块茎、刀片、镊子等。

实验步骤

1. 掌握显微镜的基本结构，并熟练操作光学显微镜；
2. 解说细胞后含物的概念和内容；
3. 用刀片切开马铃薯块茎，用镊子轻轻刮取极少量的淀粉悬浮液；
4. 制作临时装片，并在显微镜下仔细观察（注意先用低倍物镜观察，再慢慢调向高倍物镜）；
5. 寻找不同类型的淀粉粒；
6. 生物绘图，完成实验报告。

（注意事项：用镊子取材料时一定要少量，不可堆积。）

> **分享和讨论**

1. 马铃薯淀粉粒有哪几种不同类型？
2. 马铃薯淀粉粒的轮纹结构是什么原因造成的？

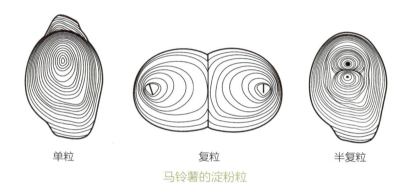

单粒　　　　　　复粒　　　　　　半复粒

马铃薯的淀粉粒

> **实验拓展** 尝试选取其他植物材料进行显微观察，比较观察结果。

探究实验3

微观植物叶表皮的气孔

　　植物表皮细胞中有成对出现的呈半月形的细胞，即保卫细胞，之间的孔隙就是气孔。保卫细胞与其他表皮细胞明显不同，在显微镜下容易区分。气孔是气体进出叶片的主要通道，在缺水的情况下会自行关闭，以减少蒸腾失水。

> **实验目的** 了解植物叶表皮气孔的基本形态，学会熟练操作普通光学显微镜。

实验材料 显微镜、载玻片、盖玻片、滴管、解剖针、镊子、植物叶片、无色指甲油等。

实验步骤

1. 熟练掌握显微镜的规范操作使用;
2. 将叶片清理干净,在取材部位用毛笔均匀涂抹一层无色指甲油;
3. 待指甲油干后,用镊子撕取材料迅速放在载有水滴的载玻片上;
4. 制作临时装片,并观察(先低倍物镜,再逐步换到高倍物镜),也可以用镊子直接撕取叶片下表皮进行观察;
5. 生物绘图。

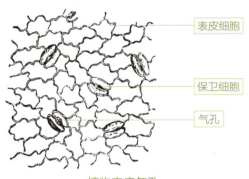

植物表皮气孔

实验拓展 尝试取不同植物的叶片、同植物不同叶片或同一叶片的不同部位(如上、下表皮)进行显微观察,比较分析出现的差异和变化。

20 濒危植物解读

自然界的每一种生物都是平等的存在,人类不可为了自身的利益无情地剥夺他们生存的权利,珍稀濒危植物拯救行动必须启动!

 ## 课程目标

1. 了解目前面临的环境问题及带来的物种生存危机;
2. 了解部分濒危植物的特征、习性及保护措施;
3. 增强植物保护和环境保护意识。

 ## 课程对象 初中生/高中生

 ## 课程内容

课前讨论

❶ 为什么有的物种在野外越来越少?物种扩大繁衍的必要条件是什么?

❷ 珍稀濒危植物一定是我们很少见到的植物吗?其实我们身边也有不少,你能说出他们的名字吗?

水杉

银杏

引导解说

1. 物种多样性现状知多少？

全球约有高等植物30万余种，但20%～30%受到生存威胁。为了保护全球生物多样性，1992年，全球多国首脑在巴西签订了《生物多样性公约》，目前缔约方已达197个，希望全球共同努力阻止生物多样性丧失，为可持续发展提供支撑。2002年启动的《全球植物保护战略》是《生物多样性公约》的重要支撑内容之一，提出了全球植物保护要达到16个具体目标。

中国是世界上生物多样性最丰富的国家之一，拥有野生高等植物3万多种，仅中国特有植物就超过一半。据《中国生物多样性红色名录——高等植物卷》统计，我国受生存威胁的高等植物约3767种，其中2462种为中国特有种。2021年9月，国家林业和草原局、农业部发布新调整后的《国家重点保护野生植物名录》，包括455种和40类野生植物，其中国家一级重点保护植物54种和4类，国家二级重点保护野生植物401种和36类。

2. 什么是物种濒危等级？

世界自然保护联盟（IUCN）是目前世界上最大、最重要的世界性保护联盟，《濒危物种红色名录》于1963年开始编制，是记录全球动植物物种保护现状最全面的名录。名录将全球物种划分为灭绝（Extinct，EX）、野外灭绝（Extinct in the Wild，EW）、极危（Critically Endangered，CR）、濒危（Endangered，EN）、易危（Vulnerable，VU）、近危（Near Threatened，NT）、无危（Least Concern，LC）、数据缺乏（Data Deficient，DD）和未评估（Not Evaluated，NE）九个等级。

《濒危物种红色名录》对全球物种的划分

3. 我国的珍稀濒危植物

作为高等植物迁地保护的"诺亚方舟",国内外的植物园都在保育和展示来自全球的珍稀濒危植物。这里以上海辰山植物园保存的部分珍稀濒危植物为例。

(1) 唯一幸存者——普陀鹅耳枥 (*Carpinus putoensis*)

普陀鹅耳枥

濒危等级: 极危(CR)中国特有种

桦木科落叶乔木。1930年5月由我国著名植物分类学家钟观光教授在浙江省普陀山最先发现,1932年我国著名林学家郑万钧教授正式命名发表。因模式标本产自普陀岛,故而得名。目前野生植株仅在普陀佛顶山慧济寺西侧存在一株,其他栽培植株皆由此株繁育而来。

现状: 由于植被破坏,生境恶化,数量稀少。加之开花结实期间常受大风侵袭,导致结实率很低;自然更新能力极弱。

（2）五月开花的"蜡梅"——夏蜡梅（*Calycanthus chinensis*）

濒危等级： 濒危（EN）中国特有种

蜡梅科美国蜡梅属，落叶灌木，古老的孑遗植物。与我国传统种植的寒冬开花、幽香袭人的蜡梅不同，夏蜡梅的花期是在5月中下旬，没有花香，但花更大而美丽。过去，人们普遍认为该属的成员都生长在北美洲，直到二十世纪六十年代，在浙江省临安和天台山发现了野生的夏蜡梅。

现状： 分布区狭窄，仅见于我国东部少数地区林下。虽更新能力强，但有被砍作薪柴的危险。

夏蜡梅花

夏蜡梅枝叶和果实

（3）"一衣带水"的植物——庙台槭（*Acer miaotaiense*）

濒危等级： 易危（VU）中国特有种

无患子科枫属，别名庙台枫，落叶乔木，古老的孑遗植物。1954年由植物学家钟补求先生发现并命名，因模式标本采自陕西省留坝县庙台子，故名庙台槭，其果实上的两只"翅膀"完全水平展开，看上去呈一条直线。

现状： 由于生境破坏，植株稀少。种子不孕率高，天然更新困难。

庙台槭

(4) 临水而居的古树——水松（*Glyptostrobus pensilis*）

濒危等级： 易危（VU）中国特有种

柏科水松属，半落叶乔木，与银杏、水杉（*Metasequoia glyptostroboides*）同为第三纪孑遗植物。树干周围常向上生长出许多呼吸根，以此适应湿地的缺氧环境。因其与水杉"神似"，使得水杉的第一份标本被误定为水松，差点埋没"活化石"水杉这一轰动世界的发现。

现状： 因主要分布于人口稠密的珠江三角洲及闽江下游，人为破坏严重，现存野生植株多为零散生长。

水松枝叶和种子

水松的呼吸根

金钱松

(5) 世界五大庭园树木之一——金钱松（*Pseudolarix amabilis*）

濒危等级： 易危（VU）中国特有种

松科金钱松属，落叶乔木，著名孑遗植物。曾广泛分布于欧亚大陆和北美洲，后因气候变迁，仅在我国少数地区幸存下来并繁衍至今。金钱松树姿优美，叶在短枝上辐射平展成圆盘状，似铜钱，深秋叶色金黄，极具观赏性，与南洋杉（*Araucaria cunninghamii*）、雪松（*Cedrus deodara*）、金松（*Sciadopitys verticillata*）和北美红杉合称为世界五大庭园树种。

现状： 因分布零星，结实有明显的间歇期，因此野生个体稀少。此外，因根皮入药，遭采挖破坏严重。

（6）令人称奇的"佛光树"——舟山新木姜子（*Neolitsea sericea*）

濒危等级：濒危（EN）

樟科新木姜子属，常绿乔木。其树干通直，树姿美观，季相变化明显，色彩鲜明，尤其嫩梢、嫩叶密被金黄色绢毛，在阳光照耀及微风的吹动下熠熠闪光，蔚为壮观，被誉为"佛光树"。

现状：由于过度砍伐作薪柴，留下的成年树较少，而且多为萌蘖长成。

舟山新木姜子

（7）南方高山造林树种——福建柏（*Fokienia hodginsii*）

濒危等级：易危（VU）

柏科福建柏属，常绿乔木，我国特有的单种属植物，古老的孑遗植物。福建柏主要分布于中亚热带，而又以我国福建中部最多，故而得名福建柏。其叶4片排成一节，状如"蟹爪"；枝条上面绿色，下面具白色气孔群，对比强烈，颇为美观。

现状：由于过度采伐，破坏严重。目前多散生于阔叶林或针阔混交林中，数量不多，且自然更新能力较弱。

福建柏叶及叶背

(8) 植物界的"巨人"——台湾杉 (*Taiwania cryptomerioides*)

濒危等级：易危（VU）

杉科台湾杉属，常绿大乔木，古老的孑遗植物，冰期以后仅存于我国，至今存在数个零散天然林分布。台湾杉1904年在我国台湾中部的中央山脉乌松坑被首次发现，其属名为Taiwania，即"台湾的"之意。该树可高达75米，树干直径2~3米，可称得上植物界的巨人。

现状：因材质优良而遭受大量砍伐。又因生长期长，天然更新力差，处于濒危状态。

台湾杉

(9) 像竹又像柏的"活化石"——竹柏（*Nageia nagi*）

濒危等级：濒危（EN）

罗汉松科竹柏属，常绿乔木，出现于中生代白垩纪，被称为"活化石"。不同于一般的裸子植物，竹柏叶片宽大而扁平，无明显的主脉，许多小叶脉平行排列在叶片中，使得叶片看上去颇似竹叶，故名竹柏。

现状：除华南个别地区分布较集中外，多为零星散生。由于长期砍伐，现存资源甚少。

竹柏

（10）长在树上的"刺猬"——猬实（*Kolkwitzia amabilis*）

濒危等级： 易危（VU）中国特有种

忍冬科猬实属，落叶灌木，我国特有的单种属，是分布于秦岭至大别山区的古老孑遗植物。花期正值初夏百花凋谢之时，花序紧凑、花密色艳，盛开时繁花似锦、满树粉红。更为有趣的是其果实长满刺状刚毛，好像一个个微型刺猬，故而得名猬实。

现状： 由于不合理开垦和过度放牧，加之樵采频繁，生境恶化，导致天然更新不良，植株日趋稀少。

猬实的花和果

（11）"血"色精灵——血皮槭（*Acer griseum*）

濒危等级： 易危（VU）中国特有种

无患子科枫属，落叶乔木。夏季树皮会呈薄纸状卷曲剥落，呈现出鲜明的橘褐色至红褐色的内皮，殷红似血，非常显眼，故名血皮槭。

现状： 由于生境破坏，野生资源处于衰退之中，且繁殖率低，影响引种栽培。

血皮槭的枝叶和翅果

（12）耳叶鹿斑——天目木姜子（*Litsea auriculata*）

濒危等级：易危（VU）中国特有种

樟科木姜子属，落叶乔木。树体端直，树皮呈小鳞片状剥落，内皮深褐色，使得树干为鹿斑状，颇为美观。叶大，基部呈耳形，种加词"auriculata"意为"外形似耳"；叶柄长而呈红色。由于模式标本采自浙江天目山，故名天目木姜子。

现状：由于木质优良，果、叶可入药而遭过度砍伐，且更新能力较弱，植株日渐稀少，亟待保护。

天目木姜子的枝叶和树干

秤锤树的花和果实

（13）中国植物学家发表的第一个植物新属模式种——秤锤树（*Sinojackia xylocarpa*）

濒危等级：濒危（EN）中国特有种

安息香科秤锤树属，落叶小乔木，仅分布在我国江苏的少数地区。秤锤树秋季果实累累，形似秤锤，故而得名。秤锤树属是中国植物学家发表的第一个新属，由世界著名蕨类植物分类专家秦仁昌于1927年在南京幕府山采集到第一份标本，经胡先骕研究后于1928年正式发表。

现状：因植株不高，常被樵采，加上生长缓慢，故野生植株几近灭绝。

（14）金花红果——山茱萸（*Cornus officinalis*）

濒危等级：近危（NT）

山茱萸科山茱萸属，落叶小乔木，分布于我国中部至东部温带阔叶林中和林缘地区。山茱萸春季先花后叶，伞形花序密集生于枝上，花色金黄，而秋季则结出红色核果，挂于枝头，颇为好看。

山茱萸的花和核果

值得指出的是，山茱萸并非唐代诗人王维"遍插茱萸少一人"中的茱萸。诗中茱萸为具有浓烈气味的芸香科植物吴茱萸（*Tetradium ruticarpum*），古人作为祈福辟邪之用，而山茱萸则并无气味。

现状：虽在我国分布较广，但由于生境破坏和药用采挖，野生种群数量日趋下降。

（15）东亚遗孤——连香树（*Cercidiphyllum japonicum*）

濒危等级：近危（NT）

连香树科连香树属，落叶乔木。分布于我国西南至西北部地区，以湖北、四川一带溪谷处为多。树形高大挺拔，叶片圆形至心形，春夏绿叶苍翠茂盛，而入秋后则逐渐转为金黄至橙红色，是良好的观叶植物。连香树属为连香树科下唯一一个属，起源于第三纪古新世，仅连香树和分布于日本的大叶连香树两种。对研究古植物和东亚植物区系有科学意义。

现状：由于自然结实率低，加之生境破坏和材用砍伐，野外种群规模下降严重，亟待保护。

连香树的枝叶和果实

4. 如何保护珍稀濒危植物？

《濒危野生动植物种国际贸易公约》（CITES）是管理濒危物种国际贸易的多边环境协议，属于国际法，签署于1973年，生效于1975年7月1日。截至2021年，CITES共有183个缔约国。无论是在境内还是境外，任何单位和个人携带、邮寄或运输濒危物种及其制品出入国境，都必须遵守CITES规定。

生物多样性的保护措施主要有：

- 就地保护（建立自然保护区等）
- 迁地保护（建立植物园、动物园和水族馆等）
- 离体保存（建立种子库等）

截止到2018年年底，中国已经建立了2640个保护区，覆盖了国土面积的15%；建立了162个植物园和树木园。

探索实践

前往植物园内寻找不少于6种珍稀濒危植物,仔细观察并记录下来。

珍稀濒危植物观察记录表

探索小组　　　　　　　　记录人　　　　　　　　记录时间

物种名称	植株茎叶形态	花果有无/形态	林下幼苗有无	分析濒危原因

挑战问答

1. CITES是Convention on International Trade in Endangered Species of Wild Fauna and Flora的简称，国内通常译作《濒危野生动植物物种国际贸易公约》。该公约在（ ）签署，因此又简称为（ ）公约。

  A. 巴黎 B. 东京 C. 纽约 D. 华盛顿

2. 上海辰山植物园内有一种被誉为"全世界最濒危"的树种——普陀鹅耳枥，它是1930年由宁波镇海籍的著名植物分类学家（ ）首次在普陀山发现，后由林学家郑万钧正式命名。

  A. 钟观光 B. 徐炳声 C. 林镕 D. 陈嵘

3. 孑遗植物是指那些起源久远，在新生代第三纪广泛分布，并在第四纪气候变化大灭绝中存活了下来，系统位置孤立，进化缓慢的植物。下列哪一种不是孑遗植物？（ ）

  A. 银杏 B. 水杉 C. 珙桐 D. 普陀樟

4. 下列哪一种植物嫩叶密被金黄色绢毛，在阳光下熠熠生辉，被誉为"佛光树"？（ ）

  A. 天目木兰 B. 七子花 C. 舟山新木姜子 D. 普陀樟

5. 我国传统中医药使用的天然药物中，有很大一部分来自植物。对于珍稀濒危植物入药的问题，请谈谈你的思考。

6. 以下几种珍稀濒危植物分别属于不同的植物类群，请将图片与相关的名称连接起来。

秤锤树　　　　　　　桫椤　　　　　　　红豆杉

裸子植物　　　　　被子植物　　　　　　蕨类植物

第三篇

"植物与生活"系列

植物是地球生态系统的重要组成部分。植物能够通过光合作用,利用太阳能将二氧化碳转化为有机物,并释放氧气,从而为其他生物提供生存所需的氧气和食物。此外,植物还为众多生物提供了栖息地和庇护所。

植物同样深刻地影响着人类社会。从衣食到住行,从健康到审美,每一种植物都蕴含着可供人类探索的生命密码,它们从远古走来,以不可思议的方式改变着世界。植物与人们的日常生活息息相关,人们生活所必需的所有食物和绝大多数能量都直接或间接来源于植物。清晨呼吸的每一口清新空气、享用的每一块面包、扑鼻而来的沁人香水、一杯香浓的咖啡或冰爽的可乐、餐桌上欲罢不能的美食以及夜晚温暖的被窝……人们生活的每时每刻都离不开植物。而植物涵养水源、吸收粉尘、过滤噪声等功能,也为人类创造了宜居环境。

但很多时候,我们习惯了植物给生活带来的便利,理所当然地享受着植物带给我们的一切,却很少去认真观察植物、去深入思考和探究植物背后的故事,更缺少感恩态度。

本篇以"植物与生活"作为系列课程的主题,从粮食来源、香氛香料、生活用品及智慧启迪等方面,分粮食、淀粉、美食、香氛、香料、水果、纤维、染料、洗涤剂、仿生10个专题,全面解说植物与人类生活的息息相关性。

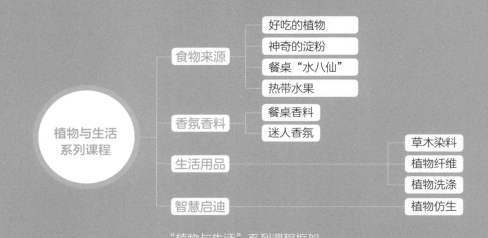

"植物与生活"系列课程框架

21 好吃的植物

丰富多彩的植物，不仅为其他生物的生存提供了良好的环境，更为包括人类在内的其他生物提供了丰富的营养来源。

 课程目标

1. 了解糖类、脂肪、蛋白质的植物来源与形态特征，提高对健康日常饮食的认知；
2. 培养学生观察记录的能力，引导学生尝试更多解决问题的方法。

 课程对象　小学高年级学生

 课程内容

课前讨论

请先回忆一下，今天摄入的饮食有哪些呢？把它们写下来，并想一想，哪些饮食与自然界的植物直接或间接相关？

好吃的植物

引导解说

自然界丰富的植物多样性种类犹如一座"取之不尽"的资源宝库，成为人类赖以生存的营养粮仓。植物直接或间接提供了人类生存所需的食物，比如水稻、玉米、大豆和小麦等是世界上最重要的粮食作物；油菜、花生、芝麻等植物的果实可提取食用植物油；黑麦草、紫花苜蓿、象草、狼尾草、狗尾草等植物成为畜牧业牧草的来源，最后为人类提供肉、蛋、奶等食物。

这里重点关注植物为人类提供的三大类营养物质，即糖类、脂肪和蛋白质。这三大类营养物质是人体维持正常生命功能的保证，它们在植物中的存在也十分多样和丰富。

1. 好吃的淀粉

淀粉是植物中糖类的最常见存在形式。糖类又称碳水化合物，可分为单糖（葡萄糖）、双糖（蔗糖）和多糖（淀粉和纤维素），是生物体内的储能物质。植物体内的多糖主要以淀粉和纤维素形式存在，其中淀粉是人类最主要的食物来源。

淀粉以不溶于水的颗粒状存在于植物块根、块茎、果实和种子中，比如板栗、花生、小麦、南瓜等植物的果实和种子；马铃薯块茎、甘薯、木薯植物的块根等。不同植物或植物的不同部位淀粉含量不同。部分淀粉含量较高的植物列举如下：

- 大米种子：含淀粉65%~86%（米饭、米粉、米糕、糍粑）
- 小麦种子：含淀粉57%~75%（面条、面包、油条、披萨）
- 玉米种子：含淀粉65%~72%（玉米饼、玉米粥）
- 板栗种子：含淀粉40%~60%
- 绿豆种子：含淀粉47.2%~58.6%
- 马铃薯块茎：含淀粉约20%

淀粉的不同植物来源

除了常见的农作物外,自然界还有很多植物含淀粉比较多,比如葛(*Pueraria montana*)块根内富含淀粉,提取出后就是葛根粉;峨眉锥栗(*Castanea henryi* var. *omeiensis*)和面包树(*Artocarpus communis*)等植物果实也含丰富淀粉;西谷椰子(*Metroxylon sagu*)树干内的髓富含淀粉,是制作西米的主要原料;魔芋(*Amorphophallus konjac*)根富含淀粉;薯蓣(*Dioscorea polystachya*),别名山药、淮山,其块茎为传统中药,淀粉含量丰富,也是主产地的传统食材。

日常生活中常常可见到植物淀粉以不同的食品形式出现,比如大米、面包、藕粉、米粉等。当米饭、馒头进入动物体内,淀粉就会很快被各种消化酶消化分解成糖,提供人体所需营养和能量。

峨眉锥栗

想一想　① 还有哪些植物富含淀粉？在周边找找看。
② 你最喜欢吃的食物是什么？它含有淀粉吗？

2. "好""坏"脂肪

脂肪是人体必需的营养素之一，但日常生活中却有"好"脂肪和"坏"脂肪之分，这是为什么呢？

（1）人体脂肪从哪里来？

脂肪是组成人体的基本组分，起着保温、保护内脏和维护新陈代谢等重要作用。人体必需的维生素A、D、E都是脂溶性的，在脂肪存在的情况下能更好地被人体消化和吸收。人体摄入的油脂类根据来源可分为动物油和植物油，前者常

油菜

温下常呈固态，而后者则常为液态。人体需要脂肪，但经常进食含油脂高的食物容易导致肥胖。

植物油主要通过机械榨取或溶剂萃取的方法提炼，并辅以后续的提纯和精炼。世界上总产量最高的两种植物油分别是棕榈油和大豆油。油菜、花生、向日葵和橄榄等也是较常见提取油脂的植物。此外，还有很多植物的果实也含有较高的脂肪，如夏威夷果、牛油果等。

（2）如何区分"好"脂肪和"坏"脂肪？

脂肪的主要组成成分为脂肪酸，可分为饱和脂肪酸和不饱和脂肪酸，前者主要存在于肉类和乳制品中，后者主要存在于植物中，鱼肉的不饱和脂肪酸含量高。

研究表明，不同的脂肪种类对人体健康的影响不同。过多食用饱和脂肪酸会增加患心血管疾病的风险，而食用不饱和脂肪酸则相对健康。

不同类型的脂肪比较

	"坏"脂肪 （饱和的、氢化的反式脂肪酸）	"好"脂肪 （单/多不饱和脂肪酸）
生物来源	多数动物脂肪（比如肉类、奶酪、奶油、黄油、猪皮、鸡皮）	多数植物油（比如橄榄油、红花油、菜籽油、葵花籽油、豆油、花生油）
植物来源	热带植物油（椰子油和棕榈油等）	坚果和牛油果
作用	危害心脏和血管，增加胆固醇，引起心肌梗塞、中风等	不增加对心脏的负担，降低胆固醇风险，但吃多了还是会长胖
建议	严格限食	适量限食

说一说，你最喜欢哪些食物？它们含有"坏"脂肪吗？

3. 好吃的蛋白质

了解蛋白质在植物/动物中的形态；认识蛋白质对人类身体的作用，了解日常所需蛋白质和身体发育的关系。

（1）蛋白质从哪里来？

蛋白质是生命的物质基础，没有蛋白质就没有生命。食物中的蛋白质主要来源于肉、蛋、奶等动物和豆类植物。日常生活中，水煮大豆、豆浆和豆腐都是非常优质的大豆蛋白来源。山核桃、杏仁、开心果、腰果和核桃等果实也富含蛋白质，此外还含有抗氧化剂、不饱和脂肪、矿物质和纤维。

你平时喜欢吃哪种含有蛋白质的食物呢？

核桃

（2）蛋白质去向哪里？

蛋白质是人体必需的重要营养成分。绝大多数微生物和植物可以通过自身合成全部20种标准氨基酸，但包括人类在内的大多数动物只能合成其中一部分，其余的氨基酸必须通过食入蛋白质并消化而获取。通过饮食进入人体的蛋白质会被消化成为氨基酸，这些氨基酸一部分会用来合成人体需要的蛋白质，剩余的会参加人体其他新陈代谢过程。

蛋白质占人体重量的16%~20%，占总热量的10%~15%，是建造和修复身体的重要原料。

没有一种食物含有人体所需的所有营养成分，所以我们需要搭配膳食，保证营养的充足。

探索实践

1. 算算你每天需要多少克蛋白质。

个体年龄对应的蛋白质指数（仅供参考）

年龄（岁）	1～3	4～6	7～10	11～14	15～18	＞19
指数	1.8	1.49	1.21	0.99	0.88	0.79

每天需要的蛋白质（克）= 体重（千克）× 年龄对应指数

- 你每天需要多少克蛋白质？
- 你的组员们需要多少克蛋白质？
- 你的爸爸妈妈分别需要多少克蛋白质？

活动记录表

称谓				
年龄（岁）				
体重（千克）				
每日需要摄入蛋白质（克）				

2. 了解了这么多知识后，你在日常饮食中会注意食品包装中淀粉、脂肪和蛋白质的含量吗？走进厨房，试试能否区别出那些含淀粉、脂肪或蛋白质较高的植物食品。

淀粉的 N 种玩法

淀粉是人们生活所需的三大营养物质之一，日常生活中，淀粉正以多种形态出现在我们面前，我们对其了解有多少呢？

课程目标

1. 了解淀粉的植物来源及在日常生活中的应用；
2. 学会分析和归纳总结的实验方法，自己动手探究淀粉的理化性质。

课程对象　小学高年级学生/亲子家庭

课程内容

课前讨论

从早餐或午餐的主食类别开始，逐步引入淀粉的主题，提出问题进行思考和讨论：

1. 淀粉主要存在于哪些食品中？主要形态是什么样子的呢？
2. 为什么感觉吃糯米不易消化？

引导解说

1. 神奇的淀粉

（1）淀粉从哪里来？

绿色植物直接利用太阳光能，把二氧化碳（CO_2）和水（H_2O）合成储存能量的有机物并释放氧气的过程，就是人们常说的光合作用。储存在植物体内的有机物糖类，有单糖（如葡萄糖）、双糖（如麦芽糖）和多糖（淀粉和纤维素）之分。

淀粉是一种天然高分子化合物，是植物体内由多个葡萄糖分子经过脱水缩合而成的一种多糖，存在于植物的根、茎或种子中，提纯后的淀粉表现为白色无味的粉末。淀粉是人类重要的能量来源，在中国人的日常饮食中占有相当高的比例。

（2）淀粉＝面粉吗？

尽管面粉和淀粉的外观极像，但面粉≠淀粉。面粉是小麦种子经过脱壳后直接碾磨成的粉末，除了淀粉之外，还含有蛋白质、少量脂肪、微量的矿物质等多种物质。

淀粉可以从面粉中提取，也可以从富含淀粉的马铃薯块茎、芡实种子、藕、菱角种子等中提取。面粉常用来做馒头、面包、面条等面食，而淀粉一般用来勾芡或做凉皮、粉条等。

面粉中的蛋白质也可以被提取出来。面粉通过揉搓洗去淀粉后可以产生黏稠的面筋，它的主要成分就是蛋白质。

油炸过的面筋

2. 淀粉的理化性质

（1）为何馒头嚼久了会变甜？

淀粉进入人体后，在淀粉酶和其他消化酶的作用下转化为糖，供应人体代谢活动的能量。

唾液中含有唾液淀粉酶，能把米饭或面包中的淀粉分解成麦芽糖，麦芽糖是有甜味的，因此吃没有味道的馒头或面包时，经过一段时间的咀嚼，就能尝到甜味了。

$$淀粉(C_6H_{10}O_5)_n \xrightarrow{唾液淀粉酶} 麦芽糖(C_{12}H_{20}O_{10})$$

拓展：所有的植物多糖都能变甜吗？

纤维素也是一种多糖，是构成植物细胞壁的主要成分，但难以被动物消化分解。

（2）淀粉和"丁达尔效应"

淀粉粒难溶于冷水，在冷水中会形成悬浮液。而在热水中，淀粉会"溶解"，形成具有一定黏性的半透明胶状体。当一束光线透过这种胶体，从垂直入射光方向可以观察到胶体里出现的一条光亮的"通路"，这就是"丁达尔现象"，或"丁达尔效应"。"丁达尔效应"的本质是光的散射。当溶液内颗粒直径小于可见光波长（400纳米~700纳米），便会发生光的散射。

"丁达尔效应"

试一试　淀粉悬浊液是否具有"丁达尔效应"？

想一想　生活中哪些常见现象也属于"丁达尔效应"？

玉米淀粉

（3）淀粉遇碘会变色？

一般说来，无色的淀粉溶液遇碘会变色，主要是由于生成包合物的缘故。淀粉是大量葡萄糖分子缩合而成，这些葡萄糖排列为螺旋状结构，并含有暴露在螺旋结构外层的羟基。碘分子能够被羟基吸附，并卷入螺旋结构中，改变了淀粉颗粒对光的吸收特性，于是就出现了颜色变化。

（4）直链淀粉和支链淀粉如何区分？

淀粉有直链淀粉和支链淀粉之分。顾名思义，直链淀粉中的葡萄糖彼此连接成一列，分支较少，而支链淀粉则有较多分支。相对而言，直链淀粉颗粒较小，水溶性差，易形成凝胶体，糊化温度高，黏附性和稳定性差，但柔韧性强；支链淀粉颗粒较大，难溶于冷水，遇热水则膨胀而成糊状，具有较强的黏附性和稳定性。

两者的化学性质也有区别，即直链淀粉遇碘液呈蓝色，支链淀粉遇碘液呈紫红色，可用作鉴别淀粉的定量和定性的方法。

在食物淀粉中,支链淀粉含量较高,一般为65%~81%。糯米以支链淀粉为主,口感柔软,但黏性强,食用后难以与酶充分接触而水解消化,因此食用后给人以滞胀的感觉。

直链淀粉和支链淀粉结构式及简要示意

探索实践

1. 大家一起搓面筋!

了解淀粉的外在形态以及淀粉和面粉的区别（淀粉是面粉的主要组成部分）。

- 活动材料：小麦粒、打粉机、纱布、水、水桶、碘溶液、滴管等。
- 活动过程：

（1）用打粉机把干燥的小麦粒打磨成粉，即面粉；

（2）将面粉包裹在纱布里，在水中不停地搓挤，使面粉中的淀粉渗入水中；

（3）纱布中剩下的糊状物就是面筋，以富有黏性的蛋白质为主；

（4）取出纱布中的面筋，观察面筋透明度；

（5）倒掉水桶上面的水，观察水底的粉末；

（6）把碘溶液滴在粉末上，观察颜色变化；

（7）记录各组面筋的透明度和粉末的变色情况。

- 活动记录

活动结果对比记录表

	面筋透明度	水底粉末变色情况
第一组		
第二组		
第三组		
第四组		
第五组		

发散思维：
① 水中沉淀的粉末是什么呢？
② 使用别的材料磨成粉是否会产生相同结果？
③ 大家搓出来的面筋透明度为什么不同呢？

2. **淀粉变色反应**
   - 实验原理：直链淀粉遇碘液呈蓝色，支链淀粉遇碘液呈紫红色。
   - 实验材料：直链淀粉、支链淀粉、水、碘液、滴管、试管等。
   - 实验步骤：

（1）取直链淀粉和支链淀粉分别加入水中形成悬浮液A和B，试管C装等量的水作为对照；
（2）分别滴入5滴碘酒溶液，摇匀静置，观察颜色变化，将结果填入表格中。

实验结果记录表

试管号	滴入碘酒前颜色	滴入碘酒后颜色	分析原因
试管 A			
试管 B			
试管 C			

想一想：麦芽糖遇碘是否会变蓝？

3. **淀粉密信游戏**
   - 实验原理：基于淀粉遇碘变色的化学性质。
   - 实验材料：淀粉、毛笔、厨房用纸、烧杯、冷水、吹风机、电筒。
   - 实验步骤：

（1）将淀粉与冷水混合，搅拌成悬浑液；

（2）用毛笔蘸淀粉悬浑液在纸上书写文图，晾干或用吹风机吹干；

（3）轻轻揉搓纸张再展开，确保"加密"成功；

（4）配置一瓶碘酒溶液，加入酒精稀释，入瓶；

（5）均匀向纸张喷洒，淀粉字迹慢慢显现。

注意事项：

①淀粉不溶于冷水，静置后会沉淀，使用前需用笔头搅拌均匀。

②书写淀粉密信的纸张需选用厨房常用的较为厚实的平纹吸水纸，不用凹凸花纹纸，以确保干燥后的附着力足够强。

③碘酒溶液浓度不能太高，用75%的酒精稀释就好，尽量使溶液本身颜色较浅。

④喷洒碘酒溶液时不要喷到浅色衣服上，较难清洗。

⑤由于碘的颗粒在日光照射下容易分解，经过较长时间，字迹会褪色。

拓展实验： 另取其他干燥种子或块茎磨成粉，重复刚才的实验，发现了什么呢？

23 餐桌上的"水八仙"

美丽的江南，富饶的水乡，江南植物"水八仙"们裹着泥土的芬芳，走上吃货们的餐桌，成为一道道令人怀念的美食，也成为江南特有的地方传统文化。

课程目标

1. 通过观察了解植物对水环境的适应性；
2. 识别常见的水生植物和可食用的水八仙。

课程对象　小学高年级学生/亲子家庭

课程内容

课前讨论

① 什么是水生植物？水生植物有哪些共同特征？
② 江南"水八仙"是指哪些植物？你能写出几种？

引导解说

水生植物是指适宜在水湿环境中生长的植物。

1. 水生植物的共同特征

水面以上叶片较大；水面下叶片通常分裂；通气组织发达；喜水分充足，不耐旱；喜光照充足，不耐阴；喜温暖，夏季生长迅速，冬季休眠。

2. 水生植物的5种生活型

- 沉水型：根固定在泥中，全株均在水下，叶多狭长或丝状，如苦草（*Vallisneria natans*）、金鱼藻（*Ceratophyllum demersum*）等。
- 漂浮型：根不固定，全株漂浮于水面，如水鳖（*Hydrocharis dubia*）、水葫芦（*Eichhornia crassipes*）等。
- 浮叶型：根固定在泥中，植物体漂浮于水面，如王莲、齿叶睡莲（*Nymphaea lotus*）、金银莲花（*Nymphoides indica*）、水罂粟（*Hydrocleys nymphoides*）等。
- 挺水型：根固定在泥中，植物体挺出水面，如梭鱼草（*Pontederia cordata*）、菰（茭白，*Zizania latifolia*）等。
- 湿生型：适于浅水或水岸边生长的植物，如芋（*Colocasia esculenta*）、再力花（*Thalia dealbata*）、芦竹（*Arundo donax*）等。

水鳖

浮萍

金鱼藻

水罂粟

金银莲花

齿叶睡莲

你还认识哪些水生植物？

3. 可食用的水生植物——江南"水八仙"

（1）莲（*Nelumbo nucifera*）

《尔雅》有云："荷，芙渠。其茎茄（jiā），其叶蕸（xiá），其本蔤（mì），其华菡萏（hàn dàn，即含苞待放的荷花），其实莲，其根藕，其中的（dì，即莲子），的中薏。"《尔雅》中讲的"蔤"为莲之本，而"藕"则为莲之根，都是属于莲花的地下茎。蔤即莲鞭，是莲花在生长期之内生长的细长形的地下茎。夏末初秋的时候，莲鞭顶端会停止生长，顶端的芽开始分化形成肥大的藕。

酸辣藕带的美味在于一个"酸"和一个"辣"。辣味为重，却可以衬托出藕带的嫩与嚼劲，而一个"酸"字，则用醋保留了藕带的鲜脆。

作为鲜食的藕一般只取嫩藕，便是莲鞭发藕之后只长出一节到两节的时候。嫩藕出水，去皮后切片，入口脆嫩清甜，正如叶圣陶在他的《藕与莼菜》里形容的"雪藕"，清凉无渣，又可以解渴。

藕和藕带

问题1："大珠小珠落玉盘"是什么效应？

为什么荷的叶子一直是干净无比的，所有的水珠都会汇聚在一起？是因为荷叶等植物叶片具有超疏水性和自清洁性（详见"植物的启迪"部分）。

问题2：藕断丝连的"丝"是什么？

丝是藕的导管壁增厚部连续成螺旋形的导管，具有运输水分和营养物质的作用。在折断藕时，导管内壁增厚的螺旋部脱离，成为螺旋状的细丝，直径仅为3~5微米。这些细丝很像被拉长后的弹簧，在弹性限度内不会被拉断，一般可拉长至10厘米左右。

（2）荸荠（*Eleocharis dulcis*）

荸荠又名凫茈（fú cí，凫是指野鸭），《尔雅》释"凫喜食之"，《本草纲目》中谓之"乌芋"。匍匐状根状茎的顶端膨大长成可食用的球茎，又称马蹄，有"地下雪梨"之美誉。

荸荠及其球茎

（3）芡实（*Euryale ferox*）

芡实又称刺芡、鸡头米，其种子和花梗常被江南人食用。芡实属睡莲科，与睡莲叶片形态相似，但其叶面有皱褶，两面有锐刺，可以明显区分开来。

仔细观察，芡实叶片其实有两种形态，一种是沉入水中的沉水叶，一般很少见，呈箭形，两面无刺，叶柄也无刺；浮水叶浮在水面上，近圆形，叶柄盾状着生，与花梗皆有硬刺。花长约5厘米，萼片内面紫色，外面密生硬刺，宿存；花瓣紫红色；浆果球形，顶端有宿存的萼片，形如鸡头，外面密生硬刺，又如刺猬，观察时要特别小心，以免被刺伤。每一个浆果约有种子数十粒，种子外面有一层黏滑的假种皮包裹，种皮也较厚，内含白色粉质胚乳，可供食用或酿酒。

芡实

芡实的花苞、果实和种子

"剥开内有斑驳软肉裹子,累累如珠玑。壳内白米,状如鱼目。"李时珍《本草纲目》中记载的芡实也很形象。芡实的花果期一般为6—9月,正是暑夏之时,上有炎日灼烤,下有薮泽郁蒸,弯身劳作,挥汗如雨,采芡实属不易,从宋代著名诗人陶弼的《芡》可窥见一斑。

芡
[宋] 陶弼

三伏池塘沸,鸡头美可烹。
香囊联锦破,玉指剥珠明。
叶皱非莲盖,根甘似竹萌。
不应从适口,炎帝亦曾名。

(4) 菱角

菱角为菱(*Trapa bispinosa*)的果实,生于水上和水下的叶子完全不同。水上叶菱形,叶梗上有膨大的气囊,跟着叶片围成一圈,气囊可以让菱盘四平八稳地浮在水上,就算有风浪也不会沉底。菱角古称"芰",大概是这种梗叶相接撑浮着菱盘的意思。

菱角的叶片、花和果实

菱花成对开,有4枚白色花瓣。菱角也成对地结在菱盘下面,采菱之时摘下一枚菱,不用瞧便知道菱盘的对面也必定有一枚,这对同生菱,好似相爱的恋人,就像《采红菱》里唱到的"好像两角菱,也是同日生,我俩一条心。"

俗语有"菱寒芡暖"之说,意为菱花背阳而芡实花向阳,菱花躲在叶下,要等到傍晚或夜间才徐徐开放。花落之后便生菱角,果实也极为低调,只会默默地沉在水中,想要摘它则要把菱盘翻过来才寻得到。8月末,菱盘的叶片开始立出水面,菱角也开始成熟了。

(5)茭白

茭白,古人谓其"茭笋"。《救荒本草》绘画中便有茭白,图旁有云:"采茭菰笋,热油盐调食。"茭白多产于江南。

茭白的实质为植物菰(Zizanialatifolia)的花茎,菰黑粉菌刺激菰草茎端的花芽分化组织,让其长成营养丰富且多汁的人们常食用的茭白。真菌成熟产生厚垣孢子而变黑被称为"灰茭","灰茭"可以释放黑色的孢子,真菌的孢子会随水传播,从而感染其他正常的菰。菰被感染后即不会开花结实了。

每年初夏开始,生于水中的菰便开始抽穗开花,其花似芦苇,但穗瘦而花大。菰的花期很长,从初夏至秋都会开放,花落便结实,从仲夏到晚秋,其穗上的果实随结随落,这样正常开花结实的菰便是古人所说的"雕胡"。

菰和茭白

（6）慈姑（*Sagittaria* sp.）

多年生草本，叶似箭头，圆锥花序，花瓣3枚。8—9月自叶腋抽生匍匐茎，钻入泥中，先端膨大成肉质球茎，可食用，大者如杏，小者如粟。以球茎的顶芽繁殖，春夏栽植，冬季采收。

慈姑

（7）水芹[*Oenanthe javanica* (Blume) DC.]

水芹为伞形科，属多年生草本水生宿根植物，别名水英、楚葵等，是一种生长在池沼边、河边和水田的水生蔬草，以食用嫩茎和叶柄为主，长江流域以南如江苏、浙江、湖南、湖北等地栽培较多。

说到水芹，今天的我们大多想到的是旱芹菜或是粗壮的西芹。但在中国古代文献中"芹"大部分情况下指"水芹"。如《诗经·小雅·采菽》中的"觱沸槛泉，言采其芹"；《吕氏春秋》中有"菜之美者……云梦之芹"；《红楼梦》中有"好之香护采芹人"，其中"采芹人"为读书人的雅称（指有资格进入学宫泮池"采芹"的秀才或读书人）。

西芹、水芹和旱芹对比

（8）莼菜（*Brasenia schreberi*）

莼菜（睡莲科）喜爱洁净，是水菜中的极致。莼菜会让自己的水中茎叶上生长的纤毛分泌出透明的胶质，用来保护幼嫩的茎芽不受外界伤害，同时还用黏液来保持水中茎叶的清洁。

莼菜

《晋书·张翰传》中记载，西晋大司马张翰在洛阳为官，"因见秋风起，乃思吴中菰菜、莼羹、鲈鱼脍，曰：'人生贵得适意尔，何能羁宦数千里以要名爵？'遂命驾而归。"

莼菜的干净正是人们喜爱的地方，尤其是它包裹着胶质的嫩茎芽，被人们视作不可多得的鲜滑之物。莼菜分布地域狭窄，亦是因为它独爱清洁的癖好，明袁宏道在《湘湖》中描述它："惜乎此物，东不逾绍，西不过钱塘江，不能远去，以故世无知者。"

 江南"水八仙"你全吃过吗？最喜欢哪几种？

序号	植物名称	我们一般食用植物体的哪个器官？（根、茎、叶、花、果实、种子）	勾选你最喜欢的
1	莲		
2	荸荠		
3	芡实		
4	菱角		

续表

序号	植物名称	我们一般食用植物体的哪个器官？ （根、茎、叶、花、果实、种子）	勾选你最喜欢的
5	茭白		
6	慈姑		
7	水芹		
8	莼菜		

探索实践

观察水生园或附近水塘有哪些水生植物，记录观察结果。

序号	中文名	生活型类别	花	果	可否食用/部位
1					
2					
3					
4					
5					
6					

生活型类别：沉水植物、漂浮植物、浮叶植物、挺水植物、湿生植物。

热带水果之旅

热带植物王国是一个巨大的宝库，这里四季果香，不仅能满足你的口腹之欲，还能超越你对味觉的想象。可是，你了解它们吗？

课程目标

1. 做一名勇敢的小探究员，学会观察和记录，认识热带植物王国里的水果和植物；

2. 通过观察、询问和阅读展板资料，完成相关探究任务，轻松了解热带水果植物的主要特征，培养细心观察大自然的兴趣，在优美的环境中陶冶情操。

课程对象 小学生/亲子家庭

课程内容

课前讨论

> 苹果、梨、火龙果、山楂、香蕉、榴莲、阳桃、花生、樱桃、石榴、蓝莓、葡萄、板栗、枣、枇杷、荔枝、桃、百香果、柠檬、莲雾、猕猴桃、柿子、李子、杏、草莓、木瓜……当数不尽的水果摆在你面前，你能挑出哪些是热带水果吗？你见过这些热带水果在植株上的模样吗？请和大家一起分享你对热带水果的认识。

引导解说

一般将南北回归线之间（北纬23°以南，南纬23°以北）的范围称为热带，我国云南南部、广东、海南、香港、澳门和台湾南部等地位于这一范围内。热带地区全年气温较高，气温变化幅度小，但因受到地形影响，不同地区的热带景观有所不同。

热带水果，顾名思义，即原生生长在热带地区的可供人们食用的果实。我国广东、广西、云南南部、海南等热带地区是盛产热带水果的主要场地。国内其他地区很多植物园内都以温室的形式展示着热带植物景观，成为人们异地了解热带风情和热带水果植物的主要场所。

1. 凤梨（*Ananas comosus*）

别名菠萝、露兜子，叶莲座状着生，花序从叶丛中抽出，状如松球，结果时增大，其可食部分主要由肉质增大之花序轴、螺旋状排列于外周的花组成。原产于美洲热带地区。成熟的果实具有特殊的果香味，酸甜可口，但菠萝含有一种菠萝蛋白酶，易引发过敏反应，还含有草酸钙针晶可引发蜇口感。所以，人们常常将菠萝放入盐水中浸泡约30分钟后，取出用凉开水冲洗，减少过敏症发生。当然还有一些新品种的菠萝已经可以直接食用了。

凤梨

2. 量天尺（*Hylocereus undatus*）

量天尺原产于中美洲至南美洲北部，在清代初期引入我国，在南方广为栽培。因其果实外表肉质鳞片似蛟龙外鳞，而得名**火龙果**；又因营养丰富，含有一般植物少有的植物性蛋白及花青素，人食后健康长寿而称作"长寿果"。你相信吗？它也是仙人掌家族的一员！

量天尺

3. 香蕉（*Musa nana*）

香蕉为芭蕉科芭蕉属植物，原产亚洲东南部，包括我国海南、广东一带，香蕉种植十分广泛，常形成大片的香蕉田。香蕉看似树木，其实是草本植物，真正的茎位于地下，可通过这些地下茎进行营养繁殖，每一棵冒出地面的香蕉可以生长出一个果穗，弯曲下垂，每串果穗可结50～100个果实，产量很高，而且全年可收获，储藏方便，因此我们一年四季都能吃到香蕉。香蕉果实内含有大量淀粉和糖，钾、维生素A和C的含量也很丰富，同时膳食纤维也多，是相当好的营养食品。香蕉的储藏温度为6摄

氏度以上，所以一般不要放入冰箱，如果温度太低，香蕉会变质。将香蕉用塑料袋密封，放在阴凉的地方，储藏的时间可以长一些。

香蕉

4. 杧果（*Mangifera indica*）

杧果常写作芒果，果实呈肾脏形，成熟时果肉为黄色，柔软嫩滑，香甜可口。果实营养丰富，富含糖类、蛋白质、粗纤维、矿物质以及合成维生素A必不可少的前体物质——胡萝卜素。杧果原产印度、孟加拉、中南半岛和马来西亚等国，我国热带地区广为栽培。杧果属于漆树科植物，茎叶和未成熟的果实也含有漆酚等致敏性物质，通过皮肤接触可产生过敏反应，食用杧果后应及时擦嘴，过敏性体质的人更要注意了。

杧果的花

杧果的果实

5. 番木瓜（*Carica papaya*）

番木瓜又称木瓜，番木瓜科植物，未成熟的青果除可作蔬菜食用外，还可腌制蜜饯，制作果酱和果汁罐头。未成熟果实含有丰富的木瓜蛋白酶，是木瓜酶工业的主要原料；果实成熟时为橙黄色或黄色，味香甜，是一种很理想的饭后水果。早在15世纪，哥伦布就曾发现，加勒比海地区的原住民常在进食大量的鱼和肉之后，吃一些番木瓜果甜点，以防止消化不良。

番木瓜

6. 阳桃（*Averrhoa carambola*）

阳桃别名杨桃、洋桃、五敛子。酢浆草科植物，浆果黄绿色，长椭球形，有5条棱，横切面呈五角星形，美国称之为"starfruit"，因此阳桃又有"星星果"的俗称。阳桃原产于马来西亚、印度尼西亚，海南人蘸盐和辣椒吃，三亚人用酸品种阳桃配鲜鱼同煮，甜中带酸，去除腥味。

阳桃的花和果

7. 西印度樱桃（*Malpighia glabra*）

西印度樱桃原产美洲热带地区，最早由位于加勒比海地区的西印度群岛原住民栽培利用。因果实成熟后呈鲜红色，形如樱桃而得名。果实富含维生素C，堪称水果中的"维C之王"，除可鲜食外，还可制成果酱、蜜饯、果汁和混合饮料。

8. 余甘子（*Phyllanthus emblica*）

余甘子别名油柑，核果呈圆球形，当你第一口咬它的时候，苦苦的，涩涩的，很多人会毫不犹豫地把它吐掉；可是当你咬第二口时，反而感觉它美妙清甜，越嚼越有味道，这也是它名为余甘子的缘故。不吃第二口你会后悔的哦！

西印度樱桃的花和果

余甘子

9. 波罗蜜（*Artocarpus heterophyllus*）

波罗蜜别名树菠萝、木菠萝。果实生于老茎或短枝上。成熟果肉为金黄色，清甜可口，香味浓郁并带有淡淡的臭味，有"热带水果皇后"的美称。很多人分不清波罗蜜和榴莲，可以放在一起比较一下。

波罗蜜

榴莲

鸡蛋果的花

百香果品种

10. 鸡蛋果（*Passiflora edulis*）

鸡蛋果是西番莲科的一种草质藤本植物，植株叶片3深裂，裂片具细齿，叶柄近顶端具2枚腺体。聚伞花序退化，仅存1朵花，花芳香，白色，副花冠中部紫色，花药长圆形，淡黄绿色。果实形似鸡蛋，成熟时为紫色，内有黄色果汁和黑色种子，营养丰富，酸甜可口，可散发出多种水果的浓郁香味而被誉为"百香果"。鸡蛋果花的结构极其特殊，可带领大家认真辨识。

11. 椰子（*Cocos nucifera*）

椰子是棕榈科常绿乔木。果新鲜时，椰水是清凉的饮料，椰肉可加工成油料及各种食品，椰壳可制作器皿或工艺品，椰衣可制绳、刷、帚等，花序还可以割取糖液。

椰子

12. 龙眼（*Dimocarpus longan*）

历史上有"南龙眼，北人参"之称。果实可食用，食用部分为半透明的假种皮，味美多汁，富含营养，自古受人们喜爱。新鲜时不容易保存，所以常被干制保存，俗称桂圆。龙眼肉是典型的假种皮，其实是龙眼种子外面覆盖的一层特殊结构。

龙眼

13. 荔枝（Litchi chinensis）

荔枝

荔枝与香蕉、菠萝和龙眼并称为"南国四大果品"，6~7月果熟。果实可食部分为假种皮，白色而美味多汁。未经保存处理的荔枝有"一日色变，二日香变，三日味变，四日色香味尽去"的特点，因此称为"离枝"，后转为荔枝。学名中的属名就是中文名的音译。荔枝因杨贵妃喜欢吃而闻名，杜牧诗中有"一骑红尘妃子笑，无人知是荔枝来"就是给贵妃送荔枝的典故。荔枝为无患子科植物，和龙眼同出一家。值得一提的是，荔枝和龙眼的花子房多为2室，每室1个胚珠，发育时，果深裂为2果爿（pán），大多数仅1个发育。换句话说，紧密生长在一起的两个荔枝可是由一朵花发育而来的。

14. 槟榔（Areca catechu）

槟榔植株

槟榔是棕榈科乔木，茎上有环状叶痕，雌雄同株，花序多分枝，雄花生上部，雌花生花序基部。坚果形状似鸡蛋，有一定的药用价值，在南方有不少地方的人们以咀嚼槟榔为嗜好，吃后面红耳赤，如醉酒一般，故苏东坡曾有"两颊红潮增妩媚，谁知侬是醉槟榔"之诗句。但是咀嚼过多有导致口腔癌的风险。还有一种观赏植物称为假槟榔，很多人不能将槟榔和假槟榔两种区分开来，关键识别点在于：槟榔茎干上的环状叶痕间距比假槟榔小，果实比假槟榔大。

15. 小粒咖啡（*Coffea arabica*）

小粒咖啡又称为阿拉伯咖啡、阿拉比卡咖啡，为茜草科咖啡属小乔木，分枝多，节膨大，叶对生，聚伞花序数个簇生于叶腋，无总花梗，花芳香，花冠高脚蝶状，白色，浆果呈椭圆形，果实成熟后为红色，易脱落，种子2粒，经烘焙加工后咖啡味香醇，咖啡因含量较低。原产于埃塞俄比亚，是咖啡饮料的最主要来源。

小粒咖啡

16. 神秘果（*Synsepalum dulcificum*）

神秘果又名变味果，山榄科常绿灌木，原产于非洲热带。神秘果本身并没有多少果肉，而且味道比较酸涩，但含有一种变味蛋白酶，又称神秘果素。神秘果素能够与舌头上的甜味感受器结合，使其能够在酸存在时兴奋，因此当食用酸性食品时也会感觉到甜味，从而产生"变味"。吃下一颗神秘果，"变味"效果能持续2～4小时。神秘果和柠檬，可称为味觉体验活动的最佳拍档。

神秘果

17. 人心果 (*Manilkara zapota*)

人心果为山榄科铁线子属，原产于美洲热带地区。常绿乔木（栽培者较矮，常呈灌木状），叶密集于枝顶，革质。花小，色白。果实卵球形，外形似人的心脏，故而得名。果肉黄褐色，可食用，味甜可口。树干乳汁可作口香糖原料。

人心果

18. 番荔枝 (*Annona squamosa*)

番荔枝原产热带美洲，落叶小乔木，叶互生，略微反卷，边全缘，叶脉不明显。花单生或2~4朵聚生于枝顶，下垂，外轮3枚黄绿色，内轮3枚退化。果实外形酷似荔枝，故名"番荔枝"；又因外形似佛祖释迦牟尼的头型，故名"释迦果"。

番荔枝

探索实践

1. 在指定的区域内，寻找热带水果植物，进行观察，并采用文字或图片的形式记录下至少三点特征。（注意：不要随意采摘和破坏植物。）

2. 在指定范围内找到番木瓜植物，请仔细观察，并指出下列哪一种为番木瓜的叶片。

3. 找到香蕉植株，请仔细观察植物和展板，回答问题：香蕉叶脉形态为下列哪一种？

4. 果实"连连看"。将果实横切,我们能看到完全不一样的形态,你还能分辨出来吗?

火龙果　　菠萝　　荔枝　　番木瓜　　鸡蛋果

莲雾　　阳桃　　猕猴桃　　山竹　　榴莲

试一试,横切或竖切一种水果,你会有新的发现哦!

5. 小结和分享

热带水果植物的共同特点:大多数花朵和果实都生长在老茎或枝干上,称为老茎生花(果)现象。你还有什么新发现呢?

25 餐桌上的香料

　　香料是自然给予人类的珍贵馈赠，它使得食物具有了灵魂，甚至曾改变了人类的历史。

 课程目标

1. 了解香料引发的历史文化故事；
2. 了解中西方常用香料；
3. 用不同感官识别常用香料及植物。

 课程对象　小学高年级以上人群

课程内容

课前讨论

　　　　香料造就了变幻多姿的生活。说一说：你都尝试过哪些植物香料？生活中你最喜欢的香料是什么？

引导解说

1. 香料探索之路

在几千年的人类历史文明进程中,香料在人类的饮食文化上留下了缤纷的色彩。

据《香料传奇》记载,香料曾经在调节人们的餐饮口味、增加气氛、抵抗瘟疫、尸体防腐等方面发挥过巨大的作用,甚至成为治病救人的"万能神药",成为人们精神上的依赖。

胡椒、丁香、肉豆蔻、肉桂和生姜等香料成为15世纪末到16世纪初激发人类探索地球的巨大动力,对香料的渴求也促发了众多重大历史事件。

各种香料

2. 中餐常用香料

(1) 葱 (*Allium fistulosum*)

百合科(新系统归为石蒜科)葱属,多年生草本植物,茎叶常作香料。战国时期齐国名著《管子》中记载:"桓公五年,北伐山戎,得冬葱与戎椒,布之天下。"大葱种植在中国已有近3000年的历史。

(2) 姜 (*Zingiber officinale*)

姜科姜属多年生草本植物,根状茎常作香料。生姜原产于印度、马来西亚热带多雨森林地区,在我国栽培历史悠久。关于生姜的记载很多,最早见于《论语》,有孔子"不撤姜食"之句。

姜

（3）蒜（*Allium sativum*）

百合科（新分类系统归为石蒜科）葱属，草本植物，全株都可作香料。此外，蒜苗、蒜黄（全遮光培育）和蒜薹（花葶和总苞）也可直接食用。

（4）芫荽（又名香菜，*Coriandrum sativum*）

伞形科芫荽属，草本植物，茎叶常作香料。原产欧洲地中海地区，我国西汉时（公元前1世纪）由张骞从西域带回。果实叫芫荽籽，具有温和的辛香，带有鼠尾草和柠檬混合的味道，是配制咖喱粉等调料的原料之一。

（5）辣椒（*Capsicum annuum* cv.）

茄科辣椒属，草本植物，果实常作香料。辣椒是哥伦布发现新大陆后才有的舶来品，一种改变了世界饮食的香料。大约16世纪末期进入中国，直到18世纪才广泛地在中国大陆种植。人吃了辣椒产生的"辣"感其实是一种灼烧感，大脑在接到这种感觉后，会本能地释放内啡肽来止痛，却同时也会产生类似于吗啡的"快感"，让人上瘾。

芫荽

丰富的辣椒品种

（6）花椒（*Zanthoxylum bungeanum*）

芸香科花椒属落叶小乔木。早在春秋的《诗经》中就有对它的描述，"椒"字最早描述的就是花椒。考古发现花椒在明代之前中国的大部分地区都有种植分布。但到清代之后，由于辣椒的引入，花椒地位大为下降，仅四川等少数地方的人食用较多，不过近几年，川菜在全国大量普及，使花椒的食用又得以推广。

花椒

（7）桂皮

为天竺桂（*Cinnamomum japonicum*）、阴香（*C. burmannii*）、香桂（*C. subavenium*）、川桂（*C. wilsonii*）等樟科樟属植物树皮的通称。中国最早使用的调料之一，是五香粉的成分之一。在西汉的《神农本草经》中就有记载。它很早就传入西方，《圣经》中就记载了它。

锡兰肉桂（*C. verum*）为常绿小乔木，树皮、叶、花及幼果均有强烈的芳香味。干制树皮为世界著名香料。

天竺桂

川桂

（8）胡椒（*Piper nigrum*）

胡椒科胡椒属，木质藤本。原产于东南亚，现广植于热带地区。印度尼西亚、印度、马来西亚、斯里兰卡以及巴西等是胡椒的主要出口国。人们常常说"丝绸之路"，其实"香料之路"也是一条很重要的贸易路线。"香料之路"就是从盛产胡椒的印度通过中亚传入欧洲的航线。中国食用胡椒则是通过丝绸之路从西域传入，隋唐时使用量颇多，人们以为产自胡地，故称为胡椒。

黑胡椒粉由未成熟而晒干的果实加工而成，果皮皱而黑；白胡椒粉为成熟的果实脱去果皮的种子加工而成，色灰白，种仁饱满；绿胡椒为未成熟的果实立即泡于盐水中而得。

胡椒

（9）八角（*Illicium verum*）

八角科常绿小乔木，又名八角茴香、大茴香、大料等。八角一名源于其聚合蓇葖果常8枚。植物各部含芳香油，有香气，果实是优良的调味香料。

八角是广受欢迎的香料，而长相与之相似的红毒茴（即莽草）果实却是有剧毒的，千万别弄错了！八角果实的蓇葖多为8枚，顶端钝；莽草果实的蓇葖为10～14枚，顶端具钩状尖。

红毒茴

八角

（10）紫苏（Perilla frutescens）

唇形科一年生草本，茎叶常用作香料。紫苏在中国为常用中药，而日本人多用于料理，尤其在吃生鱼片时是必不可少的陪伴物。

紫苏

迷迭香

3. 西餐常用香料

（1）迷迭香（Rosmarinus officinalis）

唇形科迷迭香属，有文献将其归并入鼠尾草属，认为学名为 *Salvia rosmarinus*。为灌木，其茎叶在西餐中常用于牛排、土豆等料理中，从其叶片中可提取芳香油。

（2）罗勒（Ocimum basilicum）

唇形科罗勒属，草本植物，其茎叶和坚果、蒜、植物油一起打成酱料，再加入适量的盐、黑胡椒、奶酪粉调味，淋上橄榄油，就是西餐中万能的青酱了。搭配面包、意面、三明治、沙拉等都可以。

罗勒

(3) 薄荷 (*Mentha* sp.)

唇形科薄荷属，草本植物，茎叶具有令人愉快的芬芳和清凉感，并且略带甜味，有除异味、解腻、防腐的作用。在饮料、甜品、蛋糕里用得最多。

辣薄荷

(4) 姜黄 (*Curcuma longa*)

姜科姜黄属，多年生草本植物的根状茎，香味温和，整块或者磨成的粉。因其颜色非常黄，所以常在咖喱中给咖喱上色使用。

(5) 香荚兰 (*Vanilla fragrans*)

一种兰科藤本植物，名贵的热带天然香料，其豆荚是最重要的应用部位。在16世纪以前，香荚兰豆荚就被人们应用在香草冰淇淋等食品中，享有"香料皇后"的美誉。

姜黄

香荚兰

(6) 肉豆蔻 (*Myristica fragrans*)

肉豆蔻科常绿乔木。冬、春两季果实成熟时采收，红色的假种皮和种仁均为热带著名的香料和药用植物。种仁被早期欧洲人作为催情药物。

肉豆蔻

(7) 丁香

为桃金娘科常绿乔木丁香蒲桃(*Syzygium aromaticum*)未成熟的花蕾干燥而成的香料。对丁香最早的记载见于汉代，当时"tinghiang"（钉香）被用于大臣们在朝见皇帝前咀嚼，以改善口气。近成熟果实称母丁香（鸡舌香），花蕾称公丁香。注意不要和木樨科的观赏植物丁香(*Syringa* sp.)弄混。

丁香

(8) 咖啡 (*Coffea* sp.)

茜草科常绿小乔木，日常饮用的咖啡是用咖啡豆配合各种不同的烹煮器具制作出来的，而咖啡豆就是咖啡树果实里面的果仁经过烘焙而成。

咖啡

（9）可可（*Theobroma cacao*）

梧桐科常绿乔木，原产于南美洲热带雨林。可可树种子经发酵、去皮、粉碎等工序后制成粉末状的可可粉，饮用后对人体具有温和的刺激、兴奋作用。与茶、咖啡一起被称为世界三大饮料。

可可

4. 混合香料

（1）十三香

一种厨房常用混合香料，因含有八角茴香、花椒、小茴香、肉桂、白胡椒、高良姜、橘皮、肉豆蔻、白芷、甘草、砂仁、丁香、干姜13种香料而得名。

（2）火锅香料

常用的香料植物主要有胡椒、辣椒、小茴香、八角茴香、甘草、肉桂、丁香、肉豆蔻、草豆蔻、红豆蔻、陈皮、辛夷、孜然、莳萝、荜拨、白芷、三奈、鼠尾草、百里香、草果、香果、良姜、甘牛至、砂仁、月桂、木香、广木香、迷迭香、广砂仁、紫苏、香薷、甘菘、葫芦巴等。不同地区的火锅香料种类有很大区别。

探索实践

1．闻香辨植物

挑选不同的10种常用香料（或者磨成粉末），用棕色瓶瓶装，闻一闻，辨一辨，说出它们的名称。

2．大家一起来做五香粉DIY！

五香粉因配料不同，有多种不同口味和不同的名称，如麻辣粉、鲜辣粉等，是家庭烹饪佐餐不可缺少的调味料。

活动材料：小石磨、不同香料、香料瓶、勺子等。

配方1：花椒、大料、小茴香、桂皮、丁香；

配方2：砂仁、丁香、豆蔻、肉桂、沙姜；

配方3：大料、桂皮、沙姜、白胡椒、砂仁、干姜、甘草。

3．拓展阅读和思考：

（1）你还发现哪些植物也曾经或正在人们的餐桌上？

（2）这些餐桌上香料的化学本质是什么？

（3）为何香料常常能提高人们的食欲，使人欲罢不能？

26 植物纤维溯源

植物纤维来源于自然中的不同角落,在我们的衣食住行中扮演着重要的角色,也让我们的生活更加有"韧性"。

课程目标

1. 了解植物细胞的基本类型和主要区别;
2. 了解植物的茎的内部结构和主要功能;
3. 了解植物纤维的来源及用途。

课程对象　初中生/高中生

课程内容

课前讨论

1. 植物中有柔弱的小草,也有挺拔的大树,那么,造成植物的质地千差万别的原因是什么?
2. 植物除了给我们提供食物之外,还能用来造纸、建造房屋、纺织衣物,那么,是植物的哪一部分变成了纸张、建材和丝线?

引导解说

1. 植物的细胞

要了解植物的纤维还得从植物细胞的结构说起。绝大多数生物体都是由细胞组成的,植物也不例外。但是与动物细胞不同,大多数植物细胞的外部包裹有一层由纤维素、半纤维素、果胶、木质素等成分构成的类似墙壁一样的结构,称为细胞壁。细胞壁决定了植物细胞的外形,也在很大程度上决定了细胞的功能。具有不同细胞壁厚度的细胞有序地排列在一

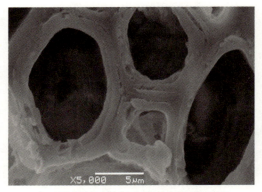

电子显微镜下的植物纤维细胞横断面

起,就形成了不同的组织。植物的茎内含有由不同细胞构成的不同组织,具有支持、运输、储存的作用。

(1)薄壁细胞:细胞壁很薄,主要由纤维素、半纤维素、果胶组成。薄壁细胞可以形成薄壁组织,能够进行活跃的新陈代谢,具有分裂、分化、储存等功能。

(2)厚壁细胞:细胞壁加厚,主要由纤维素、半纤维素、木质素组成。加厚的细胞壁让细胞更为坚韧,并且能够执行保护、支持、运输等功能。桃核坚硬的壳主要由厚壁细胞组成。

 思考　薄壁细胞/厚壁细胞还会在哪里存在?

2. 植物的维管束

植物的茎内具有一套运输系统，称为维管系统，它由伸长的管道状细胞彼此连接组成。它就好像人体中的血管一样，能将水分和营养在植物体内运输。维管系统主要由木质部和韧皮部组成。

木质部：木质部中含有由厚壁的管状死细胞组成的上下联通的管道，称为导管。木质部将水分从下向上传输。当水分从树叶中蒸发，水自身的表面张力会将木质部的水向上"拉"。

韧皮部：韧皮部中含有由活细胞彼此连接形成的管道，称为筛管。筛管在养分传输中起着决定性的作用。植物叶片中通过光合作用产生的养分由韧皮部传递到植物全身。

人们可以使用坚硬的木材作为制造建筑、器具的原料，也能分离出韧皮纤维，作为纺织的材料。木质部和韧皮部共同让植物的茎变得坚韧。

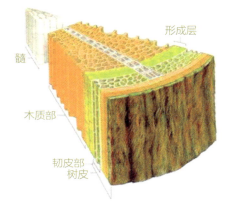

茎的结构

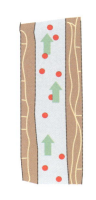 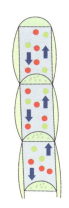

木质部（左）和韧皮部（右）的运输功能

思考

（1）为什么树木怕剥皮？
（2）为什么有的树木中空还能活？

3. 植物纤维与应用

植物纤维是广泛存在于种子植物中的一类厚壁组织,其细胞细长、两端尖锐,具有较厚的细胞壁,对植物具有支撑、连接、包裹、填充等作用。

植物纤维根据来源可分为木纤维、韧皮纤维、叶纤维、果皮纤维、种子纤维等类别,广泛用于纺织、纸张、绳索等工业。

苎麻纤维

(1) 木纤维

木质部中除了导管外还含有大量较细、两头尖的伸长厚壁细胞,称为木纤维。成束的木纤维能够大大增加支持力。导管在一定时间后会失去运输水分的功能,管道内会被植物产生的物质填充,变得十分坚硬。失去功能的导管和木纤维一起形成坚硬的木材。

竹子茎中的纤维发达,适宜制作成各种竹制品。

竹制品

(2) 韧皮纤维

韧皮部中存在很多长长的死细胞形成的纤维,称为韧皮纤维,韧皮纤维通常长而柔韧。大麻、苎麻和亚麻的茎皮中都能分离出韧皮纤维,作为编织衣物、

苎麻

绳索等的主要材料。韧皮纤维也是制作传统纸张如宣纸的原料。中国传统用麻的历史十分悠久,早在《诗经》中就已有沤制苎麻的记载"东门之池,可以沤麻"。

箭毒木(见血封喉)韧皮部中的汁液有剧毒,但经过浸泡捶打,分离出的韧皮纤维能够制作衣物。

箭毒木(见血封喉)及做成的衣服

(3) 叶纤维

剑麻(*Agave sisalana*)、丝兰(*Yucca smalliana*)的叶片中也能分离出纤维,可以制作航海用的缆绳。棕榈(*Trachycarpus fortunei*)叶柄基部会散裂出大量纤维束,可以用于编织蓑衣。

丝兰

棕榈

（4）果皮纤维

椰子等棕榈科植物的果皮中含有丰富的纤维，可以用来制作椰棕床垫。

椰子果实

（5）种子纤维

陆地棉（*Gossypium hirsutum*）为一年生草本，种子上的种皮毛是世界上最重要的纺织用植物纤维，俗称棉花，起源于中亚—印度一带，南北朝时期传入我国。原产于加勒比海一带的海绵也广为种植。牛角瓜（*Calotropis gigantea*）的果实成熟后会开裂，带有冠毛的种子随风飘散，研究发现，这种冠毛纤维天然中空，丝质顺滑，是极有前途的天然纤维来源，而且其茎皮纤维也可供造纸、制绳索等。木棉（*Bombax ceiba*）和美丽异木棉（*Ceiba speciosa*）等乔木的种子表面也有长棉毛。

陆地棉的蒴果

牛角瓜

探索实践

一起来造纸

公元2世纪，蔡伦发明了造纸术，是我国古代四大发明之一。直到1600多年后的1844年，现代木制纸浆做成的纸才成功问世。造纸的主要过程是：打浆——抄纸——晒纸。

现在一起来学习造纸吧！

（1）将不同种类的纸张混合并撕碎，装入搅拌器；

（2）在搅拌器内加入装满其2/3体积的热水；

（3）启动搅拌器，直到纸浆变得顺滑，加入2勺液态淀粉并搅匀；

（4）将抄纸器伸入混合纸浆中，捞出后让上面均匀附着一层纸浆；

（5）用吹风机轻轻吹干纸浆；

（6）揭下干燥的纸。

请将你做好的纸贴在这里，上面可以写上你的名字或者画上你喜爱的画。

想一想：生活中还有哪些植物纤维？写出至少2种。

挑战问答

（1）厚壁细胞和薄壁细胞都含有什么成分？（　）
　　A. 纤维素　　　　B. 木质素　　　　C. 果胶

（2）形成层细胞如果向外侧形成了新的细胞，那么这个细胞会形成什么？（　）
　　A. 木质部　　　　B. 韧皮部　　　　C. 髓

（3）木质部中运输水分的管道叫作什么？（　）
　　A. 水管　　　　　B. 气管　　　　　C. 导管

（4）请将植物及其纤维来源连接起来。
　　棉花　　　　　叶片中的纤维
　　棕榈　　　　　种子表面的纤维
　　剑麻　　　　　茎皮纤维
　　苎麻
　　牛角瓜

 植物洗涤文化

植物能够让人类的生活更清洁。早在5000年前，人类就开始探究和使用各种植物来清洁物品，个别习俗延续到了今天，但大多数都已成为人们心底的美好回忆。

课程目标

1. 了解中国古代至当代，植物在洗涤生活中的应用；
2. 调动学生的五感体验，学会观察、记录、比较和分析的科学探究方法；
3. 学以致用，选用健康环保的生活方式。

课程对象　小学高年级学生/亲子家庭

课程内容

课前讨论

① 生活中的"洗"事有哪些？（洗头、刷牙、洗手、洗澡、洗衣服、洗厨具等。）
② "洗"事需要什么辅助完成？（水、洗涤剂、刷子、洗衣机等。）
③ 你了解过清洁用品的成分吗？
④ 你使用过哪些植物清洁用品？
　　物理方法：捶打、摩擦、溶解、吸附、超声波清洗等；
　　化学方法：使用洗涤剂、干洗剂等。

引导解说

1. 洗涤必备常识

（1）去污三步骤

①破坏污垢与衣物表面的结合力；
②迫使污垢离开衣物表面；
③离开衣物表面的污垢不能再次黏附在衣物表面。

去污原理示意

（2）洗涤剂是什么？

洗涤剂主要由表面活性剂、泡沫剂、增溶剂、香精、水、色素和防腐剂等组成；表面活性剂是分子结构中含有亲水基和亲油基两部分的有机化合物。

洗涤的基本过程：表面活性剂分子的亲油基和污物结合；亲水基和水结合性强，从而使污物离开衣物表面；表面活性剂分子包裹污物，使其不重新与衣物结合。

（3）洗涤效果

影响洗涤效果的主要有四个因素：

①洗涤温度：理论上温度越高去污效果越好，实际上温度设定要考虑衣物的承受能力及洗涤剂的有效温度范围。

②洗涤机械力：适度的机械力有助于去污，但要考虑衣物的易损失度。

③洗涤剂选用：洗涤剂对污垢具有润湿、渗透、乳化、溶解作用，不同质地

的衣物选用的洗涤剂略有差别。

④洗涤时间：一般来说，洗涤时间越长，效果越好，但要考虑衣物的结构和染色牢度，根据污染程度而定。

（4）水洗和干洗

水洗是在水环境中进行的，因此需要使用既能与污物结合又能溶于水的表面活性剂。一些表面活性剂中含有磷，因此大量含有磷元素的洗涤剂被排入湖泊，容易造成水体的富营养化，引起"水华"和"赤潮"现象。

干洗相当于化学上的"萃取"原理，是用有机溶剂（石油、四氯乙烯）将衣物上的油污溶解、剥离开来，再经过过滤、脱干和烘干过程，达到去除油垢或污渍的效果（化学上的相似相溶原理）。干洗后的衣物不伤面料，不变形，不褪色。不过四氯乙烯等洗涤剂有一定刺激性，如果是干洗贴身衣物，最好多晾一晾，等有机溶剂挥发掉再上身，以免发生皮疹等过敏反应。

2. 传统洗涤方法

从古至今，人们一直在周围的自然世界中寻找有效的洗涤材料，并加以利用。很多植物体内含有皂苷类物质，是天然的表面活性剂。

（1）草木灰

中国历史上使用最早、最久、最经济的一种洗涤剂。是稻草、秸秆等植物燃烧后的残余物，主要成分是碳酸钾（K_2CO_3），溶于水后呈现碱性，可与油脂类发生反应，去污力强。

使用方法： 温水+草木灰，搅拌，静置，取上清液洗衣物。

（2）澡豆

在魏晋南北朝时已有使用，用猪胰研磨加入豆粉和香料（皂苷含量顺序：青刀豆>豇豆>赤豆>黄大豆>绿大豆>黑大豆>扁豆>四季豆>绿豆）。唐初孙思邈在《千金翼方》和《千金要方》中共记载了15种澡豆配方，称"衣香澡豆，仕人贵胜，皆是所要"。使用方法与肥皂相同，可用于清洁身体和衣物。

（3）皂荚果实

唐朝段成式的《酉阳杂俎·草篇》中有这样的说法："鬼皂荚，生江南地，泽如皂荚，高一二尺，沐之长发，叶去衣垢。"

使用方法： 水熬煮皂荚（*Gleditsia sinensis*）果荚，取其汁液浸洗衣物，可以用于洗头发，也可用温水泡软后直接搓在衣物污垢处或者直接与衣物混在一起，然后用棒槌捶打。

皂荚

（4）无患子

西晋张华著《博物志》云："桓叶似榉柳叶。核坚正黑如璧，可作香缨及浣垢。"

使用方法： 无患子（*Sapindus saponaria*）成熟鲜果皮可加水直接揉搓出泡，干燥的果子可用温水浸泡至软使用，也可用果皮发酵后捣碎使用，用于清洁皮肤、洗涤衣物餐具等。

无患子的果实

（5）稻

淘米水加热后，淀粉发生糊化形成胶体，有较好的亲油性和亲水性，可以吸附油垢，清洁能力强。公元前221年前的《礼记》中就有用淘米水（潘）洗脸。旧时广西红瑶族和云南傣族等少数民族用发酵过的淘米水来洗头。

米醋可以用于清洁水垢，流感时期常用于熏蒸房间。

米酒中的酒精有消毒作用，可清洗圆珠笔墨迹。

稻秆可制成洗碗刷，笤帚等。

（6）油茶

油茶（*Camellia oleifera*）的茶皂素不仅具有良好的乳化、发泡、分散、渗透、润滑等活性作用，而且还具有消炎、镇痛、杀菌、止痒等药理作用。

茶箍（也称茶麸、茶饼、茶籽饼，是由茶树的茶籽榨油后剩下的渣料加碎稻草包裹压制成圆块状）是南方农村常用的清洁材料，类同于肥皂、洗衣粉、洗发剂。

使用方法：将茶箍敲成小块后放到热水中浸泡，待水温接近体温时将衣物放入搓洗。若用于洗头，需将茶箍粉末过滤后取其温浸出液进行洗涤。茶箍粉也可用于洗碗。

油茶

（7）肥皂草

肥皂草（*Saponaria officinalis*），别名石碱花。近代引入花卉品种，整植株含皂甙。加水湿润可直接搓洗餐具或清洁皮肤。

肥皂草

（8）柠檬（*Citrus × limon*）

近代洗涤小妙招中有用于洗涤的记录。柠檬酸汁有很强的杀菌作用。柠檬富有香气，能祛除肉类、水产的腥膻之气。防虫效果很好。

柠檬水：去屑、护发、柔顺发丝。

柠檬汁+食盐擦：去霉。

柠檬水+小苏打：漂白。

柠檬

（9）捣衣杵/槌

古代浣洗辅助用品，一般选用木质坚硬密实的植物，如柞木、水曲柳、白蜡木、桦木、榆木、枣木等。

（10）丝瓜瓤

丝瓜瓤是丝瓜（*Luffa aegyptiaca*）的果实中的网状纤维。瓜瓤具有亲油性，且丝瓜瓤中有许多小孔，形成毛细现象吸油。当用水冲洗时即可把小室中油冲出，从而达到去油效果，在乡村中常用于洗刷灶具及家具。南宋陆游在《老学庵笔记》中记载："谢景鱼名沦涤砚法：用蜀中贡余纸，先去墨，徐以丝瓜磨，余渍皆尽，而不损砚。"

丝瓜瓤

(11) 竹子

民间有将竹子茎切片制成竹锅刷。竹炭有很强的吸附能力,能净化空气、消除异味、吸湿防霉;也是良好的净水处理剂,将竹炭置于水中,能吸附水中残留的有害化学物质和水中的臭气。

(12) 草药浴

在中医中,药浴法是外治法之一,即用药液或含有药液的水洗浴全身或局部的一种方法。据记载,自周朝开始就流行香汤浴。屈原在《云中君》里记述:"浴兰汤兮沐芳华。"常用于药浴的植物有:佩兰、艾草、苦参、紫苏、蛇床子、白芷、防风、柚子叶、海金沙(*Lygodium japonicum*)等。

此外,木槿(*Hibiscus syriacus*)也有一妙用,据传其嫩叶所含的黏滑汁液是古代妇女的天然洗发水,用其洗发,可使头发乌黑柔顺。

海金沙

(13) 鲜花浴

鲜花中含有大量芳香油、有机酸、花青素等物质,不仅有养肤美容的作用,而且散发出来的花香更令人感官愉悦,心旷神怡。常用于鲜花浴的有桂花、菊花、白兰、金银花(即忍冬,*Lonicera japonica*)、玫瑰花、月季花、栀子花、鸡蛋花、茉莉花等。

金银花

探索实践

1. 试着用不同材料进行洗涤体验，比较不同的洗涤效果

比较现场提供的化工洗涤用品（沐浴露、肥皂、钢丝球、抹布、魔力擦）与植物洗涤用品（皂荚、无患子、茶籽粉、草木灰、丝瓜瓤），总结其使用过程的感受，以及洁净效果，分析其优劣之处，并完成附件中的表格。

植物在日常清洁中的应用

时间　　　　　　　地点　　　　　　　记录人

品类	名称	形态描述	洗涤时的感受	优势、劣势
化工洗涤用品				
植物洗涤用品				

思考：日常生活中如何安全使用洗涤剂？

2. 洗涤酵素制作DIY

材　料

塑料瓶、红糖、淘米水、常见厨余果皮如火龙果皮、柚子皮等适量。若想去污效果好，可加入无患子果皮、皂角、茶籽。

步　骤

（1）将几种果皮切碎，混合装入塑料瓶；
（2）倒入淘米水，将果皮全浸入（注意不可太满）；
（3）加入2勺红糖，红糖：厨余：水＝1：3：10；
（4）将塑料瓶上下颠倒，使果皮和糖充分混合；
（5）制作好后在瓶身贴上标签，放在通风阴凉处3个月以上（注意：发酵会产生气体，需要及时打开瓶盖放气）。

3. 手工皂制作：

原　理　油+碱＝皂基+甘油

常见配方

橄榄油300克、椰子油100克、棕榈油100克、氢氧化钠（NaOH）72克、蒸馏水175克。碱采用溶于水的氢氧化钠/钾，加热到40℃～50℃。

根据需要选择油的品种，以及油碱的配比，加入其他精华油等。

4. 总结思考

日常洗涤活动中，我们怎么做才会有利于自身健康又能减少环境污染？

# 神奇的草木染

丰富的植物色素是大自然对人类最慷慨的赐予，利用植物材料进行染色具有无与伦比的优点，传统植物染色技艺也成为值得珍惜的非物质文化遗产。

课程目标

1. 了解中国染色传统文化及常见的染料植物；
2. 体验草木染的基本过程（拓染和扎染）；
3. 认识到植物染料相对于化学染料毒性低、环境污染小的优势，增强环境保护意识。

课程对象 初中生和高中生

课程内容

课前讨论

分组讨论：

1. 自然界中的色彩十分丰富，你能列举出哪些颜色？记录下来吧。
2. 什么是植物染色？你听说过哪些植物能做染料？

引导解说

1. 色彩基本认知

（1）原色：我们一般把不能用其他色混合而成的颜色称为原色，即红、黄、蓝。

（2）间色：由任意两个原色混合而成的色，即橙、绿、紫。红+黄=橙，黄+蓝=绿，蓝+红=紫。

（3）复色：由一种间色和另一种原色混合而成的色，共6种复色。即黄+橙=黄橙，红+橙=红橙，红+紫=红紫，蓝+紫=蓝紫，蓝+绿=蓝绿，黄+绿=黄绿。

动手调色：在调色盘上用不同的原色调制间色，并进一步体验调制复色。借助标准比色卡进行比色。

2. 植物染色传统文化

植物染色是指提取植物中所含有的天然色素，并对被染物进行染色的一种方法，是我国古代染色工艺的主流。

中国是最早使用植物染料染色的国家之一，早在新石器时代，就开始使用天然的植物染料。古代染料大都是以天然矿物或植物染料为主，其中以使用植物染料为最多，用途也最为普遍。《唐六典》有言："染大抵以草木而成，有以花叶，有以茎实，有以根皮，出有方土，采以时月。"

植物染料是天然染料的一类，多种植物的不同部位都可提取植物染料，染出的织物色泽多样自然，有的还有防虫、抗菌的作用，并具有古朴的风格。草木染在染色过程中有时需要媒染剂得以还原颜色，因而即使是同一种植物原料，所使用媒染剂不同所得到的颜色也不尽相同。

古人根据不同的染料特性而创造的染色工艺有：直接染、媒染、还原染、防染、套色染等。至1834年法国的佩罗印花机发明以前，中国一直拥有世界上最发达的手工印染技术。

3. 染料植物

古代"三原色"为红、黄、蓝。也有将青(即是蓝)、赤(即是红)、黄、白、黑,一起称为"五原色"。掌握了染原色的方法后,再经过套染就可以得到不同的间色。

(1) 青色(蓝色)

主要是用从"蓝草"中提取的靛蓝染成的。我国最早的实物文物是距今约2200年前的西汉马王堆汉墓中出土的靛蓝染色织品。《荀子·劝学篇》:"青,取之于蓝,而青于蓝。"能制靛的"蓝草"有好多种。宋应星的《天工开物》中说:"凡蓝五种,皆可为靛。"

青色染料植物主要有:蓼科的蓼蓝(*Polygonum tinctorium*)、十字花科的菘蓝(*Isatis tinctoria*)、豆科的多花木蓝(*Indigofera amblyantha*)以及爵床科的板蓝(*Strobilanthes cusia*)等的叶可以提取蓝靛。

以蓼蓝为例,其茎叶含有靛甙,经水解发酵之后,能产生无色水溶性的3-羟基吲哚酚,即靛白,靛白经日晒、空气氧化后缩合成有染色功能的靛蓝。在古代使用过的诸种植物染料中,它应用最早、使用最多。

多花木蓝

菘蓝

（2）赤色（红色）

中国古代将原色的红称为赤色，而称橙红色为红色。中国染赤色最初是用赤铁矿粉末，后来又用朱砂（硫化汞）。

茜草（*Rubia cordifolia*）的根含有茜素，以明矾为媒染剂可染出红色，使用轻微的硬水效果更好。因为明矾水解后产生的氢氧化铝和茜素发生反应，能生成色泽鲜艳、具有良好附着性的红色沉淀。有记载，在长沙马王堆一号汉墓出土的"深红绢"和"长寿绣袍"的红色底色，经化验即是用茜素和媒染剂明矾多次浸染而成。

1868年，茜素成为第一个被人工合成的天然色素。1871年，人们发现茜素还可以从煤焦油中提取，一度导致了茜草红天然植物染料产业的瓦解。

除了茜草的根，古代的赤色染料还来源于红花（*Carthamus tinctorius*）的花、凤仙花（*Impatiens balsamina*）的花、苏木（*Caesalpinia sappan*）的木材，苏木的木材可采用阳媒染的方法获得染料。生长在仙人掌上的胭脂虫也曾是红色染料的主要来源。

茜草

凤仙花

（3）黄色

早期黄色染料主要来源于栀子（*Gardenia jasminoides*），一种常绿灌木，果实中含有叫"藏花酸"（栀子苷）的黄色素，先将其果实在冷水中浸泡，再经过煮

栀子果实

沸,即可制得黄色染料。这是一种直接染料,可直接染着于丝、麻、棉等天然植物上,也可用媒染剂进行媒染,得到不同的色光。

栀子果实在秦汉以前是应用最广的一种黄色染料。《汉官仪》记有:"染园出栀、茜,供染御服。"说明当时只用来染最高级的服装。用栀子浸液可以直接染织物成鲜艳的黄色,工艺简单,马王堆汉墓出土的染织品的黄色就是以栀子的果实染色获得的。古代用酸性来控制栀子染黄的深浅,欲得深黄色,则增加染料中醋的用量。

南北朝以后,黄色染料又有地黄(*Rehmannia glutinosa*)、槐花(*Sophora japonica*)、黄檗(*Phellodendron amurense*)、姜黄(*Curcuma longa*)根等。槐花的花蕾呈黄绿色,形状像米,故名槐米。槐花的花蕾和开放花内含有芸香甙,能和多种媒染剂作用,染出各种不同的色彩,比如和铝媒染剂可得到草黄色,与锡媒染剂可得到艳黄色等。

柘

柘(*Maclura tricuspidata*)的心材也是一种黄色染料,用柘黄染出的织物在月光下呈泛红光的赭黄色,在烛光下呈现赭红色,其色彩很炫人眼目。

黄栌(*Cotinus coggygria*)为漆树科落叶植物,木材可用于提取黄色染料。染色方法据《天工开物》记载为先用黄栌煎水染,再用麻秆灰淋出的碱水漂洗。栌木中含有一种叫非瑟酮的色素,染出的黄色在日光下是略泛红光的黄色，在烛光下是泛黄光的赤色。和柘黄一样，这种神秘的光照色差，使它成为高贵的服色染料，自隋到明一直是"天子所服"。

此外，我们身边常见的酢浆草的叶子和花是充满活力的明黄色染料来源，其中含有的草酸还是一种天然的媒染剂。

（4）黑色

古代染黑色主要用狼尾草（*Pennisetum alopecuroides*）、桉树（*Eucalyptus robusta*）树皮、柿叶、栗壳、莲子壳、乌桕（*Sapium sebiferum*）叶片等含鞣质的植物。中国自周朝开始采用，直至近代，才为硫化黑等染料所代替。

黄栌

桉树

酢浆草

乌桕

(5) 紫色

紫草（*Lithospermum erythrorhizon*）的根部含结晶物质乙酰紫草醌及紫草醌，用明矾、椿木灰等含铝较多的媒染剂，便可得到紫红色。李时珍说："紫草花紫根紫，可以染紫，故名。"此外，紫苏（*Perilla frutescens*）的叶片也可做染料。

紫苏

紫草

(6) 棕褐染料

薯莨（*Dioscorea cirrhosa*）为薯蓣科藤本植物，其块茎表面棕黑色，切面新鲜时呈红色，干后变为紫黑色。早在唐代，就有记载薯莨的染色作用，用薯莨染色的丝绸面料称为"香云纱"，为广东佛山顺德的地标性产品，享誉国内外。此外，用柿子未成熟的果实榨汁后，经过石灰媒染，可以得到棕褐色色相。

现代工业需要大量的染料，尤其是纺织行业、食品行业等，多来自人工合成染料，为石化产业的副产物，随着废液废气排放会残留在空气、水和土壤中，造成环境污染，最终对我们的生活产生影响。据估计，世界工业水污染的17%～20%是由纺织品染色及加工造成的。

薯莨

探索实践

1. 讨论并比较不同来源染料的优缺点

	优点	缺点
天然染料		
化工染料		
你的选择和理由		

2. 染色体验

材　料

防水耐热手套、防溅工作服或围裙、植物材料（叶子花/玫瑰花/酢浆草叶和花/枇杷叶/木槿花/迷迭香/柑橘皮/甘蓝）、清洗干净的自然纤维织物、媒染剂（明矾/铁/硫酸铝）、pH试纸、不锈钢容器、雨水、桶、不锈钢夹子、剪刀、肥皂、火源、灶、温度计、晾衣架等。

利用天然植物材料进行染色的步骤：

（1）用媒染剂将织物预先媒染；

（2）将植物原料放入不锈钢容器，水完全没过植物材料，煮沸（85℃左右），将水温降低至文火状态，持续至少20分钟；

（3）将植物材料从染液中取出；

（4）保持文火状态（或用冷水较长时间浸泡），将织物浸泡在染液中20~40分钟，轻轻搅拌，使颜色均匀染在织物上；

（5）取出织物，用中性的肥皂清洗染色织物，将其在阳光下晒干（避免强光）。

记录下具体的染色过程，分享染色成果。

植物染色过程记录表

	事项	观察记录
1	染料的制作日期	
2	植物染色原料	
3	使用的工具和设备	
4	织物重量和产品重量	
5	使用的媒染剂	
6	使用的水及其 pH 值	
7	染浴的温度	
8	染剂分解的时长	
9	织物在染液中浸泡的时长	
10	织物的最终清洗方式	

分组讨论和总结染色经验。

总结：最后的染色效果取决于浸泡的时间长度、加热的温度、所使用的植物部位、新鲜程度、水源种类、染色方法、媒染剂的种类、纤维种类及其综合作用。

3．敲染体验

这是一种最为直接的初级染色体验。

器具材料　锤子、植物材料、自然棉布、镊子、剪刀、相框等。

步　骤

（1）选取颜色鲜艳、质地轻薄、叶脉明显的植物叶片或色泽鲜艳的花朵；

（2）选取吸水性好的宣纸或白色棉布手帕；

（3）在平整的硬质平台上，将叶片或花朵夹在棉布中间；

（4）用锤子用力均匀地敲打，然后揭开上层棉布，轻轻取下植物碎片。

> 注意事项

（1）一般选取成熟的叶子，嫩叶汁水太多不宜染色；

（2）纸质叶优于革质叶；

（3）可以选择色彩多样的植物。

4. 叶拓体验

> 材　料

天然染料、植物叶片（叶脉明显）、笔刷、白布或白纸。

> 步　骤

将新鲜叶片的背面涂上天然染料，接着按压在布料或纸上。成品会出现清晰的叶脉形态。

挑战问答

1. 给纺织物染色的染料，从来源可以分为两大类，即_____染料和_____染料，后者就包含由植物而来的染料。

2. 靛蓝染色是一项传统的染色工艺，这种染色工艺称为（　）

　　A. 直接染色法　　　　B. 媒染法　　　　C. 氧化还原法

3. 请将下面的植物图片、名称和它所染出的颜色连线。

29 迷人香氛之旅

精油是植物的灵魂，给人们带来了愉悦的身心感受，在众多方面影响着全人类的生活方式。

课程目标

1. 掌握植物精油的主要特征及生活中精油的正确使用方式；
2. 了解植物精油和次生代谢产物的关系及在植物中的作用；
3. 了解植物精油提取工艺；
4. 识别常见的芳香植物。

课程对象　初中生以上人群

课程内容

课前讨论

① 什么是植物精油？
② 回想一下自己的生活中会用到哪些精油或香水？

引导解说

1. 什么是植物精油？

植物精油也称为"芳香油""挥发油"，英文名称为essential oil，是芳香植物的花、叶、茎、根、果实、种子等部位或全株植物组织中的一类次生代谢产物，常温下多为易挥发的芳香油状液体。

植物精油由复杂的化学物质混合组成。常见的物质类别有萜烯烃类、芳香烃类、醇类、醛类、酮类、醚类、酯类和酚类等。目前发现的组成精油的物质有上千种。它们都是小分子物质，并且极性较低，易于挥发。不同植物或是同一种植物在不同的生境或不同采收期所制备的精油化学组成及含量也不同。其中，以萜类化合物及其衍生物最为常见。

植物精油

纯正的植物精油在芳香植物中的含量相对较低，因为少量的挥发就有浓烈的气味。但在生产中需要富集精油。精油几乎不溶于水，常温下为油状液体，具有强挥发性，因此大多可采用水蒸气蒸馏法提取，而且一般都储存在密封的不透光容器里。

2. 有哪些芳香植物及精油产品？

目前，植物精油品种有3000种以上，根据植物种类分为八大类：

柑橘类：来自佛手柑、葡萄柚、柠檬、甜橙、橘子等；

花香类：来自天竺葵、玫瑰、薰衣草、依兰、橙花、罗马甘菊等；

草本类：来自罗马甘菊、欧薄荷、迷迭香、鼠尾草、马郁兰等；

樟脑类：来自茶树、白千层、尤加利、迷迭香、欧薄荷等；

辛香类：来自黑胡椒、姜、小豆蔻、胡荽等；

树脂类：来自榄香、没药、乳香、白松香等；
木质类：来自西洋杉、檀香、松木、杜松、丝柏等；
土质类：来自广藿香、岩兰草等。

芳香植物可理解为"含有挥发性芳香油，具有芳香气味的一类植物"，为具有香气和可供提取芳香油的植物总称。目前，全世界芳香植物约有3600种。最常见的芳香植物有玫瑰、薰衣草、迷迭香、藿香、甘牛至、栀子、丹参、香桃木、月见草、果香菊等，不少种类可以食用，成为餐桌上的香料。

（1）玫瑰

玫瑰精油是世界上最昂贵的精油之一，10千克玫瑰花瓣才能提取出2滴纯正的玫瑰精油，可制成1升上好的香水，故有"液体黄金""精油之后"的美誉。玫瑰精油因其馥郁芳香而闻名于世，主要成分为香茅醇、香叶醇、橙花醇等。多种化妆品均使用玫瑰精油来增香。除了用来制造化妆品外，玫瑰精油还广泛用于医药和食品中，并且可在香氛疗法中使用，用于安抚情绪。

玫瑰

植物识别小技巧：玫瑰（*Rosa rugosa*）和月季（*R. chinensis*）在植物学上是两个种，两者的区别在于：玫瑰的茎枝密生细刺，羽状复叶，小叶5~9枚，叶脉下陷使其显得有些皱，不光滑，花仅白色和粉红色，花期仅从4月到5月；月季

香水月季

的茎枝具三角形皮刺，羽状复叶具小叶5～7枚，叶面光滑，无皱纹，花型花色多样，花期从4月到11月，多季开花。市场上所指的玫瑰均为月季，因为两者英文名都为rose，且月季的品种更多样且更具观赏性，故"玫瑰"二字一直沿用了下来。香水月季（*R. odorata*）花瓣芳香，花期较长，是现代栽培月季中最重要的祖先之一，也为现代月季中茶香味的主要来源。

（2）薰衣草

薰衣草精油的主要成分是芳樟醇和乙酸芳樟酯。薰衣草（*Lavandula angustifolia*）原产于地中海一带，其花蕾具有典雅悠长的香味，古希腊时代薰衣草就被作为香薰植物使用，用来使衣物带有香气。

迷迭香

（3）迷迭香（*Rosmarinus officinalis*）

迷迭香是一种常绿小灌木。原产于地中海沿岸，一般于仲春至春末开花，有时也在秋季再次开花，花蓝色，看起来好像小水滴般，其拉丁属名"rosmarinus"意为"海洋之露"（Dewofthesea）。迷迭香是西餐中常用的香料，在牛排、土豆等料理以及烤制品中经常使用，它具有一种特别的、清甜带松木香的气味和风味，香味浓郁，甜中带有苦味。

薰衣草

（4）藿香（*Agastache rugosa*）

唇形科藿香属多年生草本植物。我国各地广泛分布，且大面积作药用栽培，入药时名为"土藿香"。该种与藿香正气水、藿香正气软胶囊等方剂中广泛应用的广藿香（*Pogostemon cablin*）为同科不同属的植物，药材形状、成分、气味也互不相同。二者作为藿香药用，均已有很长的历史，习惯认为广藿香的品质较好。除药用外，园林中还可应用于草坪边缘、路旁及坡地。

藿香

（5）甘牛至（*Origanum majorana*）

唇形科牛至属多年生芳香草本植物，别名马郁兰，花簇白色至粉色，对寒冷较为敏感，原产地中海沿岸，希腊人和罗马人将它视为幸福的象征，结婚的男女常在头上戴马郁兰花冠。自古就被当成香辛料使用，适合搭配番茄和肉类料理。此外，马郁兰含具有芳香气味的百里香酚和香荆芥酚，可促进消化、消胀和缓解痉挛。同属的牛至（*O. vulgare*）的特殊香味就深深吸引很多人，不但将其做成香袋随身携带，在料理及花茶的领域里也占有一席之地。由于在意大利披萨中常用到甘牛至调味，所以又被称为披萨草。全草可提取芳香油，除供调配香精外，亦用作酒曲配料。

甘牛至

（6）栀子（Gardenia jasminoides）

茜草科栀子属常绿灌木。原产我国，是典型的酸性土植物。栀子枝叶繁茂，花朵美丽，香气浓郁，品种很多，为庭院中优良的美化材料。

（7）分药花（Perovskia abrotanoides）

落叶亚灌木，全株具多数金黄色腺点，气味极浓郁、芬芳，闻之让人难忘。其性极耐寒，喜光照充足、排水良好的土壤，园林栽培主要用于布置芳香园或点缀于花境边缘，观赏其芳香的植株和粉蓝色的花序。

栀子

分药花

（8）辣薄荷（Mentha × piperita）

唇形科薄荷属多年生芳香草本植物，别名椒样薄荷，为水薄荷（Mentha aquatica）和留兰香（Mentha spicata）的杂交种，花冠白色或淡紫色。其耐阴力较强，全株含芳香油，广泛用于糖果、巧克力、白酒、口香糖等调味食品。其干燥的草本供药用，有祛风、镇静或使人兴奋的功效，薄荷醇则用于喷鼻剂。

辣薄荷

（9）罗勒（*Ocimum basilicum*）

为一年生草本，印度人视其为神圣的香草，幼嫩的茎叶有香气，作为芳香蔬菜在色拉和肉的料理中使用。花季采收干燥后，制成粉末储藏起来，可随时作为香料使用。药用时，可健胃，促进消化，利尿强心，刺激子宫，促进分娩。

罗勒

（10）依兰（*Cananga odorata* var.*fruticosa*）

花经过萃取可获得精油，该物质无色或黄色，流质状、清澈而有奇香且厚重，具有抗忧郁、抗菌、催情、降低血压、镇静等功效。在南海，当地妇女使用依兰精油来使头发更具光泽，产后妇女常用于消除紧张的心情。小依兰（*C.odorata* var. *fruticosa*）为依兰的变种，也有同样的作用。

小依兰

此外，还有享有"爱神木"美称的香桃木（*Myrtus communis*），由于叶和果实含桃金娘烯醇，芳香宜人，西方一些国家的婚礼上常见有香桃木制作的花环，以示祝福，因此，又有"祝福木"之称。柠檬香茅（*Cymbopogon flexuo-sus*），又名东印度香茅，叶含柠檬香气，蒸馏出暗红色精油，用作人造香精油、香皂的原料，驱蚊蝇或治疗疾病；嫩叶作食用调料。柠檬香茅精油以蒸馏法萃取，可用以纾解头痛，也是强力的杀菌剂和消毒剂，此外还是非常好的驱虫剂，单独使用或和其他具有驱虫效果的精油混合，效果都非常好。香蜂花（*Melissa officinalis*），古希腊人认为香蜂草是月神与猎神阿尔忒弥斯的化身，为古希腊祭祀用的芳香植物。其拉丁属名Melissa即为希腊语honey bee，即"蜜蜂"之意，用来表明其香气可吸引蜜蜂。用香蜂花代替柠檬进行调味最能增进食欲，却没有柠檬的酸劲，适合佐入各式各样的菜色及甜点。

3. 植物为何要产生精油？

植物在生长过程中会产生很多物质。其中一部分如糖、蛋白质、核酸等，它们对于植物的生存至关重要，缺乏这些物质植物将不能生长，所有的植物都能合成这些物质，因此这些物质被称为初生代谢产物。但是，植物精油中所含有的成分，并不直接影响植物的基本生存，而是使得植物能够更加适应特定的环境，这些物质就被称为次生代谢产物。次生代谢产物的多样性远高于初生代谢物，精油、植物药等，都利用了植物次生代谢产物。

次生代谢产物主要是为了植物能更好地适应环境。多样的次生代谢产物，具有抗菌、防御、吸引等作用。植物精油中的一些芳香成分可以吸引传粉昆虫前来帮助其传粉，而还有一些物质则能让昆虫敬而远之，从而减少害虫对植物的啃食。

4. 如何提取精油？

精油的提取工艺有三种：水蒸气蒸馏法、溶剂浸提法（萃取法）、压榨法。

（1）水蒸气蒸馏法

利用精油可随水蒸气挥发的原理而设。具体过程是：将芳香植物材料切碎后，加水浸泡，装冷凝器煮沸，精油在水的水散作用下从植物组织中逸出，随水蒸气上升，经导气管、冷凝管进入油水分离器，最后分离出精油。

本法设备简单、易操作、成本低，是目前应用最广泛、最洁净的一种方法，95%的芳香植物的精油均可以用蒸馏法萃取获得，如玫瑰花、薰衣草、鼠尾草、迷迭香等材料。此外，与精油一同冷凝的水中留有少量的精油物质，这些水与精油同样具有疗效，因其浓度很低，可以直接使用而不用稀释。

精油提取——水蒸气蒸馏法示意

（2）萃取法（溶剂浸提法）

主要用于加热易变质和挥发性较小的芳香植物，如茉莉花、白兰花、晚香玉、紫罗兰等娇嫩花朵。利用挥发性的有机溶剂将植物原料中的芳香成分分离提取出来，使之溶解到有机溶剂中，然后蒸去溶剂获得芳香精油。该方法提取精油的产率高，但因植物中的树脂、蜡等杂质也被提取出来，并且产品中的有机溶剂残留不易去除。

（3）压榨法

主要用于甜橙、柠檬等柑橘类果实，含精油较多。由于这些果实中的精油成分遇热后容易被破坏和变质，所以用压榨法提取精油。

此外，目前新兴的精油制备方法还包括：同时蒸馏—萃取法、超临界CO_2流体萃取法、亚临界水提取法以及基于水或有机溶剂萃取的超声波辅助提取法、微波辅助提取法和生物酶辅助提取法等。

但是，精油的提取率并不高，一般在百分之零点几至百分之几之间。因为微生物在精油中不能生长，所以其保质期很长，号称可保质一百年。

根据精油中化学成分的不同，提炼出来的精油可能呈现无色、浅黄、金黄、淡绿、天蓝、紫色及乌黑等颜色。

5. 如何正确使用植物精油？

植物的这些次生代谢产物可以保护植物以抵抗细菌及病原菌的侵袭、吸引对自己有益的传粉昆虫、植物间信息传递等。人类利用植物精油以改善体质、调节生理功能、舒缓情绪、平衡身心等。

利用植物精油的芳香疗法，不仅提供怡人的香氛，更能产生奇妙的能量，有助身体与心灵的健康。精油具有高渗透性，一旦接触身体以后，会在20秒钟左右被皮肤吸收，大约20分钟后进入体内的血液循环。到达目标器官，并根据精油的挥发性质。在体内停留6~8个小时，进行工作。精油可以利用许多不同的方法来达到它的疗效，熏蒸、泡浴、按摩是较为熟知也最为普遍的用法。

需特别注意以下事项：

（1）精油可不能滥用

精油通常不能直接涂抹于皮肤上、口服或接触眼部（目前仅薰衣草精油、茶树精油可以安全使用）；同种精油不宜每日连续使用；孕妇及婴儿慎用（精油中含有酮），不宜高剂量使用。

（2）精油也不能直接食用

有些"吃货"很好奇，既然都叫"油"，那精油能不能拿来炒菜或凉拌呢？虽然同样是脂溶性化学物质，两者组成成分却差异极大，精油是由许多挥发性的小分子化合物构成的，如果你强行加到炒菜锅里，随着温度的升高，精油会逐渐挥发殆尽，你只能望锅兴叹啦！

（3）植物的次生代谢产物并不总是芳香的

所有的气味都是植物合成的可挥发的次生代谢产物。"香"与"臭"是相对的，是人们根据自己的喜好对闻到的气味做出的"喜欢"或"厌恶"的评判。热带雨林特有的巨魔芋或大王花常被成为传说中的"食人花"，开花期间，会散发出强烈的尸腐气味，以吸引食腐的甲虫或果蝇来为之传粉。

探索实践

1. 蒸馏法提取植物精油实验

实验原理 精油的组成成分随水蒸气挥发,且密度小于水。

实验材料 芳香植物材料、圆底烧瓶、加热器皿、冷凝管、油水分离器、精油瓶等。

实验步骤

(1) 将芳香植物材料切碎,加水浸泡;

(2) 电热加热,待水沸腾之后保持微沸2~4个小时,连接挥发油收集器并冷凝;

(3) 静置片刻,使得油水分离。不溶于水且比重小于水,会浮在水面上的即"精油",下层则是比重较大的水,含少量精油成分及复杂的多种植株水溶性化合物,即为"纯露";

(4) 分开收集精油和纯露,密封保存。

2. 我们一起来体验提取精油

实验原理 植物精油不溶于水,且密度小于水。

实验材料 甜橙/柠檬皮、研钵、烧杯、棕色瓶、移液管、水等。

实验步骤

(1) 撕碎甜橙皮或柠檬皮,研磨;

(2) 倒入烧杯中,加水,过滤;

(3) 静置,油水分离;

（4）用移液管吸取上面的油滴；

（5）棕色瓶密封保存。

3. 闻香辨植物

不同的植物具有明显不同的形态和芳香气味，可采集迷迭香等10种芳香植物的枝叶放入玻璃瓶内，通过闻香分辨植物，看谁答对的多。

放入瓶中的不同种芳香植物

4. 香囊制作

将芳香植物的叶片或花朵切碎，自主选择3～5种芳香植物的叶片放入香囊中，风干可永久保存，香囊会持续发出淡淡的清香，清新怡神。

5. 芳香植物产品体验

将精油或纯露等滴一滴在纸上，可通过闻气味来分辨精油的种类，看谁挑战成功的多。

植物的启迪

生物用了38亿多年，在适应环境中不断进化，其结构与功能能够极佳地适应它们所处的环境。植物自然也不例外。人类在发展科学技术的过程中，何不向它们学习呢？

课程目标

1. 了解什么是仿生学；
2. 了解动植物仿生中的一些典型案例；
3. 应用仿生学原理，提出猜想和假设，并动手论证。

课程对象　小学高年级学生/初中生/高中生/亲子家庭

课程内容

课前讨论

分组讨论：生活中有哪些向动植物学习的例子？如蜻蜓与直升机、萤火虫与冷光源、蝴蝶的色彩与迷彩服、鱼鳔与潜水艇等。

引导解说

1. 仿生学的概念

1960年,美国科学家斯蒂尔提出"仿生学"(Bionics)一词,由"bio"(生物的)和后缀"-nics"(具有……的性质)构成,标志着仿生学的正式诞生。仿生学是生命科学与机械、材料和信息等工程技术学科相结合的交叉学科,具有很强的创新性和应用性。其目的是研究和模拟生物体的结构、功能、行为及其调控机制,为工程技术提供新的设计理念、工作原理和系统构成。

大自然给了人类无穷的智慧,启迪人类发明创造,人们从生物的形态和功能中获得了很多的灵感。所谓"师法自然",就是向自然学习。来自生物的仿生学成功的案例很多。比如蝙蝠夜间飞行时,会发出一种声波,声波遇到障碍物就反射回来,传到蝙蝠的耳朵里,通过这种反射,蝙蝠能准确避开障碍物和捕捉食物。科学家发现这个秘密之后,模仿蝙蝠探路的方法,给飞机装上了雷达,通过天线发射无线电波,无线电波遇到障碍物回反射回来,显示在荧光屏上,供驾驶员参考操作。

除了这些来源于动物的灵感应用,你还能想起哪些植物仿生案例呢?在这里,王莲、荷叶、蒲公英、苍耳等都是我们学习的楷模。

2. 植物仿生案例

(1)王莲与建筑

王莲属于睡莲科浮水植物,原产于南美洲亚马孙河流域,为典型的热带植物。目前世界公认的有两个原生种,分别是亚马孙王莲(Victoria. amazonica)和克鲁兹王莲(V. cruziana)。另外较为常见的还有园艺品种长木王莲。

长木王莲

亚马孙王莲原产南美巴西，1801年在亚马孙河流域发现，其花萼布满刺，叶缘微翘或几近水平，叶片微红，叶脉红铜色。叶片较大，耐寒性差。克鲁兹王莲的花萼片光滑无刺，叶缘上翘3~5厘米，叶片深绿，叶脉黄绿色。叶片略小，耐寒性较好。1961年，由美国长木植物园将克鲁兹王莲和亚马孙王莲杂交种成功培育长木王莲。

通过王莲的人工繁育，我国中科院西双版纳热带植物园、上海辰山植物园等已经引种栽培和展示。

亚马孙王莲

上海辰山植物园和西双版纳植物园里的克鲁兹王莲

王莲以叶片巨大和其超强承重能力一直受到世人的瞩目。每年中秋，上海辰山植物园会推出"宝宝坐王莲"自然体验活动，薄薄的王莲叶片竟然能支撑数十公斤的重量而不下沉，令人啧啧赞叹。

宝宝坐王莲

为什么王莲拥有如此大的承载魔力呢？科学家们研究发现，王莲叶片背面有粗大的放射状叶脉，构成主要承重骨架，骨架间有镰刀形横隔相连分成小格，网状小格内又有十字脉相连，共同构成了相互交错的叶脉骨架结构。同时，王莲叶片里面还有许多气室，使得整片叶子既轻巧，又有极大的承重力，原理如同鸟类的骨骼。

受叶脉支撑作用的启示，英国著名建筑师约瑟夫·帕克斯顿（Joseph Paxton），以钢铁和玻璃为建材，设计了一个顶棚跨度很大的展览大厅——水晶宫，它既轻巧、雄伟又经济实用，不仅成就了1851年的第一届世博会，也为近现代功能主义建筑构建了雏形。

王莲叶背

参考王莲结构设计的水晶宫

（2）荷叶效应与自净涂层产品

1）什么是荷叶效应？

"出淤泥而不染，濯清涟而不妖"，北宋周敦颐在《爱莲说》中用这样的句子描绘了荷花洁身自爱的高贵品质。

当水滴落在荷叶上会形成"大珠小珠落玉盘"现象，近似圆球形的白色透明水珠在叶面上滚来滚去，不浸润荷叶，还会吸附叶面上的灰尘，达到清洁叶面的效果，这就是"荷叶效应"，又可称为"疏水效应"或"自洁效应"。

2) 荷叶为什么"出淤泥而不染"？

1997年，德国波恩大学植物学教授巴斯洛特研究植物叶子时，用电子显微镜观察荷叶表面结构，揭开了其中的奥秘。

荷叶效应实验

原来，在荷叶的表面上生长着许多高度约为6~8微米、间距约为12微米的乳突，每个乳突表面上又生长着许多直径为200纳米的蜡状突起。在荷叶的表面上，这样的"微纳米结构"看上去像密密麻麻的"小柱子"，再加上蜡状物对水的排斥效应，使得液滴不能钻到"小柱子"间隙内部，只能在"小柱子"顶端跑来跑去。于是，液滴与荷叶表面就呈现出了排斥性，当有污染物落在荷叶表面时，随液滴滚动，它们会轻易地被带走，这就是荷叶"出淤泥而不染"的奥秘。

自然界中，不仅只有荷叶具有这种超微纳米结构，也普遍存在于其他植物叶片，甚至于动物的皮毛中也有这种结构。据不完全统计，自然界中约有1200种能够在水面上行走的昆虫，它们的腿部也具有微纳米结构。如果荷叶乳突上的蜡状物丧失了，荷叶的超疏水性质也就被破坏了。

荷叶表面的超微结构

人们模仿荷叶的这种特性，开发出具有防污功能的自净层产品，其表面会形成类似荷叶的凹凸形状，构成一层疏水层，如此，灰尘颗粒只能在涂层表面"悬空而立"，并最终在风雨冲刷下"一扫而净"。

（3）蒲公英与降落伞

1）蒲公英观察和科学解说

蒲公英为菊科蒲公英属植物的统称，多年生草本植物，具白色乳状汁液。

根圆锥状，叶基生，密集成莲座状，叶形变化较大，从倒卵状披针形或披针形，羽状多深裂，基部渐狭成叶柄，叶边具波状齿。

花葶从植株中间伸出，直立、中空；头状花序单生花葶顶端，总苞片数层，整个花序全为舌状花，两性、结实。花舌状，黄色，先端截平，具5齿。

聚花果，为白色冠毛结成的绒球，由无数个不开裂的瘦果构成，每一枚瘦果纺锤形或倒锥形，果体上部有瘤状突起，上端缢缩为圆柱形的喙基，喙顶端具白色冠毛，易脱落。随风飘到新的地方孕育新生命。果期5—10月。

蒲公英的花、果和种子

蒲公英属植物全世界约有2000种，中国有70种，上海仅见到蒲公英（*Taraxacum mongolicum*）1个种。全草供药用，有清热解毒、消肿散结的功效。

2）蒲公英文化（可以组织朗诵关于蒲公英的诗词）：

蒲公英会给很多人留下美好回忆。它总是在花丛的角落里静静地等待，等待被风吹散，然后以最轻柔的姿态飞向远方……

"飞呀飞　飘呀飘　落到哪里　就在哪里发芽　生根开花　一把把小伞　悠悠地　轻轻地　飘向田野　河边房檐　没人在意的野草　没人注意的小花　你悠然绽放　不介意世界的繁华　在一个个季节里　你悄悄演绎着平凡　你默默释放着倔强　你无言地证明着　生命的顽强　飞吧　飞到天之涯　飘吧　飘到海之角　越高越好　越远越好"。——《蒲公英》

蒲公英有着充满朝气的黄色花朵，有着翩翩飞舞的美丽身姿，它们的花语是开朗，代表着寻找更生动的爱。蒲公英大约在3000万年前就已经在欧亚大陆繁衍开来。最早用作食物，后来被当作药材，在医学中广泛应用。

蒲公英的英文名"dandelion"，法语中意味着"lion's tooth"，因为它具有锯齿状的叶片。蒲公英是美国罗切斯特大学的校花，"蒲公英黄"是该校的官方颜色之一。

3）蒲公英仿生设备

降落伞：蒲公英种子在白色冠毛的协助下，可以随风飘飞，远离母株，尽可能地不与母株进行资源竞争。人类从中得到启发，设计了降落伞。

蒲公英式风力发电机：灵感源于蒲公英种子在风中飞舞的形态和其旋转下落的形式。在效仿和改进蒲公英种子旋转下落形式的同时，对风机的形态和运动形式进行了创新，提出新型蒲公英式风力发电机的构想。

3. 更多仿生案例

比如叶缘锯齿与鲁班的木头锯、车前草叶镶嵌与螺旋状的高楼、翅葫芦种子和滑翔机、荷叶自净效应与具有防污功能的自净涂层产品、荷叶叶形与雨伞（移动的躲雨工具）等。

（1）我也要玩滑翔！

翅葫芦（*Alsomitra macrocarpa*）种子具有轻薄透明的翅膀，能借助风力在空中滑翔。正是受翅葫芦种子形状的启发，一名奥地利人设计出了一架滑翔机，没有尾翼，但具有稳定的空气动力，飞行较为平稳，无须人来操控。

翅葫芦种子和滑翔机模型

（2）我要搭乘便车远行咯！

钩刺粘连：如鬼针草（*Bidens pilosa*）和窃衣（*Torilis scabra*）。我们现在广泛用于鞋子、帽子、背包上的尼龙粘扣，就是运用了钩刺粘连的原理，而尼龙粘扣，则是瑞士发明家乔治在苍耳的启示下发明的。

分组讨论和分享，本次课程最大的收获是什么？生活中还有哪些仿生的例子？

白花鬼针草的果实

探索实践

1. 体验活动——宝宝坐王莲

在种有王莲植物的水生园，近距离地观察王莲叶片及其叶背，理解王莲相关知识点。30公斤以内的宝娃，可在大人的协助下坐上"王莲船"，亲身感受王莲的超强承载力，同时拍下这一美好瞬间。有条件的家庭可以每年都带宝娃坐上"王莲船"，用照片记录宝娃的成长经历。

2. 探索荷叶效应

材料准备

新鲜荷叶、不同材质的叶片、滴管、清水、胡椒粉、放大镜等材料。

活动步骤

（1）观察叶片上的水珠，思考为什么水珠不会浸湿荷叶，而呈圆球形快速下滑？

（2）讲解什么是荷叶效应，理解荷叶效应产生的机制；

（3）寻找自然界具有荷叶效应的植物，通过一系列对比小实验，了解哪些植物具有荷叶效应；

（4）在荷叶上撒胡椒粉，然后加水少许并观察，了解荷叶的自清洁效应；

（5）思考荷叶效应带给人类的启示。

3. 走近蒲公英

时　间　冬季到春季（11月—3月）可观察到未开花的植株；
4月—9月可观察到蒲公英的花和植株；
5月—10月可观察到蒲公英的果和植株。

活动内容

- 通过观察蒲公英的植株形态,能够基本识别蒲公英;
- 识别蒲公英的花和果,了解单花和花序的含义及区别;
- 放飞蒲公英种子,带着自己的梦想飞翔;
- 查阅资料,了解种子靠风传播的植物还有哪些。

准备事项 笔、尺、记录本、《上海植物图鉴》(提前查阅);

学习记录单

小学阶段:在室外找到蒲公英,通过仔细观察,采用画图或文字大致记录下来。

初中阶段:在室外找到蒲公英,通过仔细观察和测量,采用画图或文字记录它的主要特征,注意大致比例。

高中阶段:在室外找到至少三株蒲公英,通过仔细观察和测量,采用文字记录它的主要特征,测量三次,取平均值。

蒲公英自然探究记录表

观察部位	主要特征	测量值	备注
植株		植株高度:	
花序		花葶高度:	
单花		舌片长度:	
果序		聚花果直径:	
种子		冠毛长度:	

4．蒲公英标本制作
（1）标本制作流程：采挖一株完整植株，洗净，从中间纵剖，留下一半（带花或果），放在吸水纸上展平，风干，上台纸（用快干胶固定，用针线或枝条加固2～3处），填写采集签（包括采集人、采集地点、采集日期）和鉴定签（包括科、属、种的中文名和拉丁学名、鉴定人、鉴定日期等）。
（2）种子标本制作：将成熟的蒲公英聚花果采下来，摘下每一个带冠毛的种子，摆成一定形状，在塑封膜上固定，并用塑封机塑封；
（3）蒲公英种子放飞：用力吹蒲公英的成熟聚花果或种子，仔细观察和分析蒲公英种子的飞行原理。

延展阅读

1. William Allen. Plant Blindness [J]. BioScience, 2003, 53(10): 926.
2. Siqueira, C. E., E. Pessoa, A. Zanin, and M. Alves. The Smallest Angraecoid Species from the Neotropics: A New Campylocentrum (Orchidaceae) from a Brazilian Subtropical Forest [J]. Systematic Botany, 2015, 40(1):79-82.
3. Archila, F. & G. Chiron. The smallest orchid in the world is now a *Lepanthes*[J]. Jardin Botanique de Guyane. 2019, 2: 175-184.
4. 彼得·渥雷本. 大自然的社交网络[M]. 周海燕, 吴志鹏, 译. 北京: 北京联合出版公司, 2018.
5. 达尔文. 攀援植物的运动和习性[M]. 张肇骞, 译. 北京: 北京大学出版社, 2014.
6. 戴维·梅里尔. 首要教学原理[M]. 盛群力, 钟丽佳等, 译. 福州: 福建教育出版社, 2016.
7. 段烨. 学习设计与课程开发[M]. 北京: 中国工信出版集团&电子工业出版社, 2015.
8. 金才兵&陈敬. 好课程是设计出来的[M]. 北京: 机械工业出版社, 2015.
9. 何祖霞. 植物进化的故事[M]. 上海: 上海科技出版社, 2018.
10. 亨利·戴维·梭罗. 种子的信仰[M]. 江山, 译. 北京: 东方出版社, 2014.
11. 黄一峰. 自然野趣DIY[M]. 北京: 中信出版集团, 2013.
12. 科林·塔奇. 树的秘密生活[M]. 姚玉枝, 彭文, 张海云, 译. 北京: 商务印书馆, 2016.
13. 李梅. 花儿也会变脸——千奇百怪的植物世界[M]. 北京: 人民邮电出版社, 2013.
14. 李敏. 植物星球——神奇植物百科[M]. 成都: 成都地图出版社, 2019.

15. 理查德·洛夫. 林间最后的小孩——拯救自然缺失症儿童[M]. 自然之友，王西敏，译. 北京：中国发展出版社，2014.
16. 林秦文，肖翠. 北京自然笔记[M]. 北京：化学工业出版社，2018.
17. 刘文清. 情意自然教育体验课程（1—3年级）/（4—6年级）[M]. 北京：中国林业出版社，2020.
18. 卢梭. 植物学通讯（第二版）[M]. 熊姣，译. 北京：北京大学出版社，2013.
19. 马炜梁. 植物的智慧[M]. 上海：上海科学普及出版社，2013.
20. 喵喵植物控. 你好！植物[M]. 北京：电子工业出版社，2015.
21. 欧阳婷. 北方有棵树——追随大自然的四季[M]. 北京：商务印书馆，2020.
22. 乔纳森·西尔费顿. 种子的故事[M]. 徐嘉妍，译. 北京：商务印书馆，2014.
23. 任宗昕，王红，罗毅波. 兰科植物欺骗性传粉[J]. 生物多样性，2012，20（3）：270-279.
24. 任燃. 国内外学习单对比分析带来的启示与思考[J]. 自然科学博物馆研究，2016，4：31-39.
25. 上海植物园. 植物园里的自然课堂（第二版）[M]. 上海：上海出版社，2014.
26. 《影响世界的中国植物》主创团队. 影响世界的中国植物[M]. 成都：四川科学技术出版社，2019.
27. 殷学波，马清温，徐景先. 植物的生存之道[M]. 北京：中国科学技术出版社，2008.

作者简介

何祖霞，高级工程师，深圳市兰科植物保护研究中心（即国家兰科中心）科普科教部部长，兼任深圳市兰花协会秘书长。毕业于中科院华南植物园植物学专业，先后致力于高校生物学的教学、中小学校外研学实践指导以及公众科学普及工作。

主编出版《植物进化的故事》《中国常见植物野外识别手册衡山册》《植物园的科学普及》科普书籍3部，参编专著4部，以第一作者发表论文十余篇，2020年获得"上海市科普先进个人"荣誉，2021年策划实施"探索兰花世界的秘密"系列课程被评为广东省优秀自然教育课程。

郗旺，2015年毕业于中国科学院上海生命科学院，植物学博士，现任上海辰山植物园工程师，从事植物学研究及科普工作。致力于通过多样化的课程、研学和实践项目，多维度、多层次的加深大众对植物乃至自然界的了解认知；充分发挥包括植物园在内的多种场馆在自然教育中的作用，提升公众的科学素养和环境意识，目前已设计面向不同受众群体的课程近百个、研学线路十余条，并与科普

团队创建"辰山观鸟"、"辰山夜观"等品牌活动。

主持完成科普项目4项;著有《大嚼科学植物卷:大豆的N种死法》、译著《爱丽丝科学漫游记》;申请著作权2项,实用新型专利1项;曾获中科院科普讲解大赛一等奖、上海科普教育创新奖获得者。

王凤英,中国科学院华南植物园毕业,植物学博士。现为上海辰山植物园高级工程师。主持过国家自然基金项目、上海市科委项目、上海市绿化和市容管理局科学技术项目等多项课题。发表学术论文10余篇,曾获得过广东省科学技术二等奖。

黎洪桃,安徽大学生物科学专业,曾任中学生物教师,多年热衷于投身自然科普活动,现成立上海觅野工作室,专注于青少年自然教育课程研发和组织。

后 记

自然界是神秘而伟大的。这本书不仅是对植物知识的简单归类和总结，更是对自然认知的全面提升。自然界的神奇和伟大永远是人类学习的榜样，希望读者读完这本书，或者通过这些课程内容的实践，能有同样的感受。

弱水三千，只取一瓢饮。自然犹如浩瀚的知识海洋，我们了解的其实微乎其微。希望读者通过阅读本书，进入自然界的大门，去发现更多的规律，与自然有更多的情感交流，因为我们本来就是自然人，从自然界还可以学得更多更多。

本书稿内容主要来源于团队多年科普理论研究和自然探究实践的总结。花馨客思创始人郑杰，自然创客柳潇、小七等自然教育工作者先后为本书个别内容提供灵感来源；上海辰山植物园寿海洋、王宋燕、葛斌杰、陈彬、孔羽、沈戚懿、张哲、刘夙等也为书中的内容出谋划策或提供部分照片，并积极参与活动策划和实施；深圳市兰科植物保护研究中心陈利君、王婷、刘金刚等参与了本书的绘图或提供图片，深圳市兰科植物保护研究中心严岳鸿研究员和中国科学院华南植物园罗世孝研究员严谨细致地为本书审稿，正是在大家的共同努力下，才有了这本书的诞生。

在本书即将付梓之际，无尽的感激涌上心头。特别感谢上海辰山植物园党委书记吉琴、执行园长胡永红、总工程师秦俊对科普工作的指导和支持，感谢科普宣传部长王西敏为推动本书出版付出的所有努力，感谢中国建筑工业出版社杜洁、孙书妍老师严谨的态度和细致认真的修改。本书稿在后期完